Lecturas Avanzadas

Spanish AP Reader

Elisabeth A. Giulianelli

Coordinator, Foreign Language Department
Cherry Creek High School
Englewood, Colorado

AMSCO

AMSCO SCHOOL PUBLICATIONS, INC.,
a division of Perfection Learning®

To Dr. Elizabeth Etnire, who inspired me to major in Spanish,
and to Karma and Derek, my greatest treasures.

Cover Design by Mel Haber

Text Design by Nesbitt Graphics, Inc.

Text Illustrations by Nesbitt Graphics, Inc.

© 2002 by Amsco School Publications, Inc.,
a division of Perfection Learning®

Please visit our Web sites at:
www.amscopub.com and *www.perfectionlearning.com*

When ordering this book, please specify:
ISBN 978-1-56765-483-7 or **1362301**

12 13 14 15 16 PP 24 23 22 21 20

Printed in the United States of America

Preface

The selection of stories, essays, and poetry in this reader has been made with the AP Spanish-language student in mind, but it would also be suitable for other upper-level high school classes and intermediate-level college students. There is diversity in terms of representing different geographic areas of the Spanish-speaking world, as well as various literary movements and genres, primarily of the 20th century. Works from many writers studied in the AP Spanish literature program are included to introduce students to what they will study in detail in the subsequent year.

The book is organized by genres, beginning with short stories written by Mexican-Americans and ordered more or less by degree of difficulty for the standard student. There is a brief introduction to each author, pre-reading activities—including acquaintance and practice with new vocabulary encountered in the reading—the story, and then post-reading activities—including follow-up compositions and occasional listening comprehension exercises related to the readings. The pre- and post-reading questions have been designed as communicative activities for students to work in pairs. The purpose of this format is to help students develop proficiency in speaking, writing, and listening as well as reading to prepare them for the AP test.

The essays follow a similar format; they should be read after the short stories, when students have progressed in their reading skills, since they are somewhat more difficult.

There is an introduction to the study of poetry that will familiarize students with related poetic devices and terms and orient them to the process of reading poems. It is my hope that students will enjoy the poetry selected for its musical and esthetic appeal as much as for its themes and issues relevant to the lives of today's students.

AP students have given a significant amount of input in the selection of stories and have participated in piloting the pre- and post-reading activities. My colleagues Marta Vigil and Julieta Bauserman have contributed by suggesting works and giving feedback as native speakers on the scripts for the listening comprehension component.

The Author

Índice

Primera Parte

Narrativa

Capítulo 1

Benedicto Cuesta es un cura mexicano-americano que vive en el suroeste de los Estados Unidos. Aunque no es tan conocido como otros escritores incluidos en esta antología, su descripción del mundo del mexicano-americano lo señala como un hábil escritor. «El paisano», una colección de cuentos publicada en 1976, evidencia su capacidad narrativa.

La verdad

Actividades de prelectura

A. Con un(a) compañero(a), conteste las siguientes preguntas.

1. ¿Si viviera por algunos años fuera de su cultura natal, cómo se sentiría Ud. al volver a casa? ¿En qué detalles se fijaría más?
2. ¿Qué simboliza un carro de lujo para una persona que trabaja para una compañía?
3. ¿Qué cosas parecen insignificantes en comparación a la muerte de un padre?

B. Estudie el siguiente vocabulario y complete las oraciones con la palabra apropiada.

VOCABULARIO

aguamanil *m.*   vasija diseñada para lavarse las manos

aldea *f.*   pueblo pequeño

bulla *f.*   ruido de una multitud de gente

chamizo *m.*   árbol medio quemado

desviarse   cambiar de dirección

entrañas *f. pl.*   órganos internos

estafeta *f.*   oficina de correos

foco *m.*   reflector (del carro)

lucero *m.*   astro grande, estrella

oficio *m.*   profesión, trabajo

palpar   tocar algo para reconocerlo

penumbra *f.*   sombra débil entre la luz y la oscuridad

rostro *m.*   cara

rozar   tocar ligeramente

surgir   aparecer, manifestarse

1. Puesto que estaban arreglando la carretera, tuve que _____ para llegar a mi destino.

2. El _____ que le llama la atención es ser vendedor de seguros.

3. Siempre hay mucha _____ en nuestra casa durante la Navidad porque llegan todos los primos, tíos y abuelos.

4. El asesino salió de la _____ y mató al presidente sin que lo viéramos bien.

5. El niño se lavó las manos en el _____ antes de comer.

6. _____ un problema que no habíamos anticipado.

7. La escritora escribe sobre el ambiente que conoce; no escribe de la ciudad porque nació en una _____.

8. Mientras estaba en la cueva, un murciélago le _____ la cabeza.

9. Prendió los _____ del carro porque se oscurecía.

10. Después de quedar ciega como resultado del accidente, la muchacha le _____ la cara a su madre para ver si la reconocía así.

«Porque yo ya no soy yo, Ni mi casa es ya mi casa.»

FEDERICO GARCÍA LORCA

Desviándose de la carretera principal, tomó una más estrecha hacia la aldea. Pasó la iglesia y la estafeta, cruzó la plaza sin reparar con claridad en nada, sin tiempo para reconocer a nadie. A la salida del poblado dobló a su derecha y entró en el cañón por el camino de tierra. Este camino era desigual, tortuoso y lleno de agujeros; así Antonio debía manejar despacio, con precaución. Debía, además, proteger su flamante Mercury 1975. Era este un automóvil blanco, pesado, precioso. Lo acababa de comprar al ser promovido a un puesto más alto y lucrativo en la compañía de seguros «The Star». Era el carro apropiado para un «ejecutivo». Hoy por primera vez lo ha sacado de la gran ciudad, todavía con el permiso provisional del departamento de vehículos, sin las placas permanentes de metal. Está claro que con un carro de esta categoría. Antonio—Anthony, como es conocido en la compañía y entre los clientes—se siente mucho más seguro y eficiente en su oficio.

Hoy Antonio viaja solo desde Denver hasta la casa paterna. Es un viaje de emergencia. Con frecuencia, por los últimos 17 años, ha regresado con su mujer y sus hijos a su cañón nativo. Eran siempre días alegres de vacaciones, visitas con mucha animación y bulla, ocasiones para el descanso y saludable distracción, sin posibilidad de aburrimiento, y sin oportunidad para ninguna clase de meditación y soledad. Pero hoy Antonio viene solo.

Solo entra en el cañón en esta tarde de otoño. El cielo está nublado, a punto de llover, o probablemente, a esta altura, de nevar. Una luz gris-ceniza envuelve la naturaleza y suaviza, sin borrarlos, los contornos de las cosas. Ante los ojos y el alma de Antonio el cañón descubre, por vez primera después de diecisiete años, su carácter antiguo y su mensaje poderoso. Se recortan las montañas contra el cielo a la altura precisa de siempre, y entre aquellos dos picos, a la izquierda, estará saliendo detrás de las nubes el lucero de la tarde. De las hondonadas van surgiendo las sombras como sueños de la infancia, y Antonio siente las formas de los pinos oprimir, desde dentro, su corazón. Roza el carro los chamizos marchitos inclinados hacia el camino, y los viejos álamos deshojados saludan con sonrisas y muecas dibujadas en sus cortezas, como en rostros desfigurados de monstruos o payasos. Aquí, en la tercera y más pronunciada curva, en una piedra grande, cuya parte plana mira el camino, a la luz de los focos del carro puede leerse una inscripción con grandes letras blancas trazadas por mano insegura.

ANTONIO Y VIOLA

Salió Antonio del automóvil. Aquí está la casa afincada en las rocas y en la soledad. La casa humilde que hoy se afirma ante Antonio con una fuerza inescapable. En la penumbra del atardecer Antonio siente asombro ante la superficie suavemente ondulada de los muros de adobe. Sigue con sus ojos y experimenta en sus venas las líneas del tejado, los marcos de la puerta y de las pequeñas ventanas. Palpa los postes del cerco. Se siente invadido por un silencio cargado de esencias y sensaciones olvidadas que penetra hasta los huesos. Algo se agita y quiere revivir en sus entrañas; algo más puro y poderoso que el trabajo, el dinero y la gran ciudad. Se decide al fin a dar los cuatro pasos hasta la puerta.

«Hijo, tu papá está muy malo. Quién sabe se durará esta noche.» Antonio entró en la recámara. No acertó a decir nada. Se paseaba por la casa derrotado e inseguro, haciendo un ruido ridículo con sus zapatos nuevos, de moda, blancos y acafetados. Tropezó estúpidamente con una silleta. Se detuvo ante el pequeño espejo colgado desde siempre sobre el aguamanil, y al ver en él su ancha y brillante corbata experimentó un sentimiento de desesperación.

La noche se ha cerrado completamente sobre el cañón. Puede llegar en cualquier instante la verdad final.

(Benedicto Cuesta, «La verdad» en «El paisano». 1976.)

Actividades de poslectura

A. Con un(a) compañero(a) conteste las siguientes preguntas.

1. Sabiendo lo que significa «hoja», ¿qué significa «álamos deshojados»? ¿En qué estación del año tiene lugar el cuento?
2. ¿En qué cultura vive Antonio ahora? ¿Cómo lo sabe?
3. ¿Por qué viaja solo hoy?
4. ¿Qué sentimiento experimenta Antonio en el penúltimo párrafo del cuento?
5. ¿A qué se refiere «la verdad» en este cuento?

B. Escoja una de las siguientes actividades de escritura y luego comparta lo que ha escrito con un(a) compañero(a).

1. Imagine que Ud. es el padre moribundo. Escríbale una carta a su hijo Antonio.
2. Escriba una composición en que contraste la vida juvenil de Antonio con su vida adulta.

Capítulo 2

Francisco Jiménez nació en 1943 en México. De niño, emigró a los Estados Unidos con sus padres, quienes trabajaban de braceros. Ha sido profesor de español y decano en la Universidad de California en Santa Clara. El siguiente cuento autobiográfico, publicado en 1977, describe las dificultades en la vida de los hijos de los trabajadores migratorios.

Cajas de cartón

Actividades de prelectura

A. En parejas, discuta las siguientes preguntas.

1. Describa la vida de los braceros.
2. ¿Para qué se usan las cajas de cartón?
3. ¿Cuáles son algunas de las comidas básicas de los mexicanos?
4. ¿En qué clase de viviendas viven los braceros?
5. ¿Hasta qué edad es obligatorio asistir a la escuela?
6. ¿Cómo se siente un(a) estudiante cuando va a una nueva escuela por primera vez? ¿Qué pasa cuando tiene que estudiar en un idioma diferente de su lengua nativa?

B. Estudie el siguiente vocabulario y complete las oraciones con la palabra apropiada.

VOCABULARIO

abolladura *f.*   depresión

alejarse   irse

apearse   bajarse de un caballo o vehículo

apresurarse   darse prisa

cabizbajo *adj.*   con la cabeza hacia el suelo

capataz *m.*   jefe de un grupo de trabajadores

colchón *m.*   pieza que se pone sobre la cama para dormir en ella

comején *m.*   insecto que come madera

corrido *m.*   tipo de música popular típica de México

choza *f.*   cabaña, vivienda humilde

empapado *adj.*   mojado

lodo *m.*   mezcla de tierra y agua

madrugada *f.*   amanecer, alba

manguera *f.*   tubo flexible usado para regar

mareado *adj.* desorientado, resultando en náuseas

mudanza *f.* cambio de casa

olla *f.* vasija honda de metal usada para cocinar

palidecer ponerse pálido por estar enfermo o asustado

parra *f.* planta que produce uvas

pizcar coger la fruta de la cosecha

rosal *m.* arbusto que produce rosas

trastes *m.* utensilios de cocina

volante *m.* parte del auto usada por el conductor para manejar

OTRAS PALABRAS

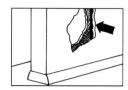   

agujero *m.*   **asas** *f. pl.*

1. Papá tomó el _____ y condujo el coche por cinco horas seguidas.

2. ¡La fiesta duró hasta la _____, toda la noche!

3. Muchos de los indígenas del campo guatemalteco viven en _____ .

4. El camión de _____ lleva los muebles a la nueva casa.

5. Cuando me equivoqué, _____ a corregir el error antes de que hubiera malas consecuencias.

6. Prefiero un _____ duro en mi cama porque sufro de dolores de espalda.

7. Tras la caída, la niña tenía la cara _____ de lágrimas.

8. Mi abuela solía escuchar los _____ en el programa de música mexicana.

9. Antes de desmayarse, el hombre _____.

10. Antes de que pudiera llegar el exterminador, los _____ destruyeron la casa.

11. La lluvia entró por un _____ en el techo.

12. El _____ les ordenó a los obreros trabajar hasta las cinco.

13. Los braceros _____ las uvas durante dos semanas antes de declararse en huelga.

14. Se rompió una de las _____ de la olla.

15. El jinete _____ del caballo para darle agua antes de seguir en el camino.

Primera parte

El fin de la cosecha

Era a fines de agosto. Ito, el contratista, ya no sonreía. Era natural. La cosecha de fresas terminaba, y los trabajadores, casi todos braceros, no recogían tantas cajas de fresas como en los meses de junio y julio.

Cada día el número de braceros disminuía. El domingo sólo uno—el mejor pizcador—vino a trabajar. A mí me caía bien. A veces hablábamos durante nuestra media hora de almuerzo. Así es como aprendí que era de Jalisco, de mi tierra natal. Ese domingo fue la última vez que lo vi.

Cuando el sol se escondió detrás de las montañas, Ito nos señaló que era hora de ir a casa. «Ya hes horra», gritó en su español mocho. Ésas eran las palabras que yo ansiosamente esperaba doce horas al día, todos los días, siete días de la semana, semana tras semana, y el pensar que no las volvería a oír me entristeció.

Por el camino rumbo a casa, Papá no dijo una palabra. Con las dos manos en el volante miraba fijamente hacia el camino. Roberto, mi hermano mayor, también estaba callado. Echó para atrás la cabeza y cerró los ojos. El polvo que entraba de fuera lo hacía toser repetidamente.

Era a fines de agosto. Al abrir la puerta de nuestra chocita me detuve. Vi que todo lo que nos pertenecía estaba empacado en cajas de cartón. De repente sentí aún más el peso de las horas, los días, las semanas, los meses de trabajo. Me senté sobre una caja, y se me llenaron los ojos de lágrimas al pensar que teníamos que mudarnos a Fresno.

La mudanza

Esa noche no pude dormir, y un poco antes de las cinco de la madrugada Papá, que a la cuenta tampoco había pegado los ojos en toda la noche, nos levantó. A pocos minutos los gritos alegres de mis hermanitos, para quienes la mudanza era una gran aventura, rompieron el silencio del amanecer. El ladrido de los perros pronto los acompañó.

Mientras empacábamos los trastes del desayuno, Papá salió para encender la «Carcanchita». Ése era el nombre que Papá le puso a su viejo Plymouth negro del año '38. Lo compró en una agencia de carros usados en Santa Rosa en el invierno de 1949. Papá estaba muy orgulloso de su carro. «Mi Carcanchita» lo llamaba cariñosamente. Tenía derecho a sentirse así. Antes de comprarlo, pasó mucho tiempo mirando otros carros. Cuando al fin escogió la «Carcanchita», la examinó palmo a palmo. Escuchó el motor, inclinando la cabeza de lado a lado como un perico, tratando de detectar cualquier ruido que pudiera indicar problemas mecánicos. Después de satisfacerse con la apariencia y los sonidos del carro, Papá insistió en saber quién había sido el dueño. Nunca lo supo, pero compró el carro de todas maneras. Papá pensó que el dueño debió haber sido alguien importante porque en el asiento de atrás encontró una corbata azul.

Papá estacionó el carro enfrente a la choza y dejó andando el motor. «Listo», gritó. Sin decir palabra, Roberto y yo comenzamos a carrear las cajas de cartón al carro. Roberto cargó las dos más grandes y yo las más chicas. Papá luego cargó el colchón ancho sobre la capota del carro y lo amarró con lazos para que no se volara con el viento en el camino.

Todo estaba empacado menos la olla de Mamá. Era una olla vieja y galvanizada que había comprado en una tienda de segunda en Santa María el año en que yo nací. La olla estaba llena de abolladuras y mellas, y mientras más abollada estaba, más le gustaba a Mamá. «Mi olla» la llamaba orgullosamente.

Sujeté abierta la puerta de la chocita mientras Mamá sacó cuidadosamente su olla, agarrándola por las dos asas para no derramar los frijoles cocidos. Cuando llegó al carro, Papá tendió las manos para ayudarle con ella. Roberto abrió la puerta posterior del carro y Papá puso la olla con mucho cuidado en el piso detrás del asiento. Todos subimos a la «Carcanchita». Papá suspiró, se limpió el sudor de la frente con las mangas de la camisa, y dijo con cansancio: «Es todo.»

Mientras nos alejábamos, se me hizo un nudo en la garganta. Me volví y miré nuestra chocita por última vez.

La llegada a Fresno

Al ponerse el sol llegamos a un campo de trabajo cerca de Fresno. Ya que Papá no hablaba inglés, Mamá le preguntó al capataz si necesitaba más trabajadores. «No necesitamos a nadie», dijo él, rascándose la cabeza, «pregúntele a Sullivan. Mire, siga este mismo camino hasta que llegue a una casa grande y blanca con una cerca alrededor. Allí vive él.»

Cuando llegamos allí, Mamá se dirigió a la casa. Pasó por la cerca, por entre filas de rosales hasta llegar a la puerta. Tocó el timbre. Las luces del portal se encendieron y un hombre alto y fornido salió. Hablaron brevemente. Cuando el hombre entró en la casa, Mamá se apresuró hacia el carro. «¡Tenemos trabajo! El señor nos permitió quedarnos allí toda la temporada», dijo un poco sofocada de gusto y apuntando hacia un garaje viejo que estaba cerca de los establos.

El garaje estaba gastado por los años. Roídas por comejenes, las paredes apenas sostenían el techo agujereado. No tenía ventanas y el piso de tierra suelta ensabanaba todo de polvo.

Esa noche, a la luz de una lámpara de petróleo, desempacamos las cosas y empezamos a preparar la habitación para vivir. Roberto, enérgicamente se puso a barrer el suelo; Papá y Roberto entonces trajeron el colchón y lo pusieron en una de las esquinas del garaje. «Viejita», dijo Papá, dirigiéndose a Mamá, «tú y los niños duerman en el colchón, Roberto, Panchito, y yo dormiremos bajo los árboles».

Trabajando en la viña

Muy tempranito por la mañana al día siguiente, el señor Sullivan nos enseñó donde estaba su cosecha y, después del desayuno, Papá, Roberto y yo nos fuimos a la viña a pizcar.

A eso de las nueve, la temperatura había subido hasta cerca de cien grados. Yo estaba empapado de sudor y mi boca estaba tan seca que parecía como si hubiera estado masticando un pañuelo. Fui al final del surco, cogí la jarra de agua que habíamos llevado y comencé a beber. «No tomes mucho; te vas a enfermar», me gritó Roberto. No había acabado de advertirme cuando sentí un gran dolor de estómago. Me caí de rodillas y la jarra se me deslizó de las manos.

Solamente podía oír el zumbido de los insectos. Poco a poco me empecé a recuperar. Me eché agua en la cara y en el cuello y miré el lodo negro correr por los brazos y caer a la tierra que parecía hervir.

Todavía me sentía mareado a la hora del almuerzo. Eran las dos de la tarde y nos sentamos bajo un árbol grande de nueces que estaba al lado del camino. Papá apuntó el número de cajas que habíamos pizcado. Roberto trazaba diseños en la tierra con un palito. De pronto vi palidecer a Papá que miraba hacia el camino. «Allá viene el camión de la escuela» susurró alarmado. Instintivamente, Roberto y yo corrimos a escondernos entre las viñas. El camión amarillo se paró frente a la casa del señor Sullivan. Dos niños muy limpiecitos y bien vestidos se apearon. Llevaban libros bajo sus brazos. Cruzaron la calle y el camión se alejó. Roberto y yo salimos de nuestro escondite y regresamos a donde estaba Papá. «Tienen que tener cuidado», nos advirtió.

Después del almuerzo volvimos a trabajar. El calor oliente y pesado, el zumbido de los insectos, el sudor y el polvo hicieron que la tarde pareciera una eternidad. Al fin las montañas que rodeaban el valle se tragaron el sol. Una hora después estaba demasiado obscuro para seguir trabajando. Las parras tapaban las uvas y era muy difícil ver los racimos. «Vámonos», dijo Papá señalándonos que era hora de irnos. Entonces tomó un lápiz y comenzó a figurar cuánto habíamos ganado ese primer día. Apuntó números, borró algunos, escribió más. Alzó la cabeza sin decir nada. Sus tristes ojos sumidos estaban humedecidos.

Cuando regresamos del trabajo, nos bañamos afuera con el agua fría bajo una manguera. Luego nos sentamos a la mesa hecha de cajones de madera y comimos con hambre la sopa de fideos, las papas y tortillas de harina blanca recién hechas. Después de cenar nos acostamos a dormir, listos para empezar a trabajar a la salida del sol.

Al día siguiente, cuando me desperté, me sentía magullado; me dolía todo el cuerpo. Apenas podía mover los brazos y las piernas. Todas las mañanas cuando me levantaba me pasaba lo mismo hasta que mis músculos se acostumbraron a ese trabajo.

La escuela

Era lunes, la primera semana de noviembre. La temporada de uvas se había terminado y yo podía ir a la escuela. Me desperté temprano esa mañana y me quedé acostado mirando las estrellas y saboreando el pensamiento de no ir a trabajar y de empezar el sexto grado por primera vez ese año. Como no podía dormir, decidí levantarme y desayunar con Papá y Roberto. Me senté cabizbajo frente a mi hermano. No quería mirarlo porque sabía que él estaba triste. Él no asistiría a la escuela hoy, ni mañana, ni la próxima semana. No iría hasta que se acabara la temporada de algodón, y eso sería en febrero. Me froté las manos y miré la piel seca y manchada de ácido enrollarse y caer al suelo.

Cuando Papá y Roberto se fueron a trabajar, sentí un gran alivio. Fui a la cima de una pendiente cerca de la choza y contemplé a la «Carcanchita» en su camino hasta que desapareció en una nube de polvo.

Dos horas más tarde, a eso de las ocho, esperaba el camión de la escuela. Por fin llegó. Subí y me senté en un asiento desocupado. Todos los niños se entretenían hablando o gritando.

Estaba nerviosísimo cuando el camión se paró delante de la escuela. Miré por la ventana y vi una muchedumbre de niños. Algunos llevaban libros, otros juguetes. Me bajé del camión, metí las manos en los bolsillos, y fui a la oficina del director. Cuando entré oí la voz de una mujer diciéndome: «May I help you?» Me sobresalté. Nadie me había hablado inglés desde hacía meses. Por varios segundos me quedé sin poder contestar. Al fin, después de mucho esfuerzo, conseguí decirle en inglés que me quería matricular en el sexto grado. La señora entonces me hizo una serie de preguntas que me parecieron impertinentes. Luego me llevó a la sala de clase.

El señor Lema

El señor Lema, el maestro de sexto grado, me saludó cordialmente, me asignó un pupitre, y me presentó a la clase. Estaba tan nervioso y tan asustado en ese momento cuando todos me miraban que deseé estar con Papá y Roberto pizcando algodón. Después de pasar la lista, el señor Lema le dio a la clase la asignatura de la primera hora. «Lo primero que haremos esta mañana es terminar de leer el cuento que comenzamos ayer», dijo con entusiasmo. Se acercó a mí, me dio su libro y me pidió que leyera. «Estamos en la página 125», me dijo. Cuando lo oí, sentí que toda la sangre me subía a la cabeza; me sentí mareado. «¿Quisieras leer?», me preguntó en un tono indeciso. Abrí el libro a la página 125. Mi boca estaba seca. Los ojos se me comenzaron a aguar. El señor Lema entonces le pidió a otro niño que leyera.

Durante el resto de la hora me empecé a enojar más y más conmigo mismo. Debí haber leído, pensaba yo.

Durante el recreo me llevé el libro al baño y lo abrí a la página 125. Empecé a leer en voz baja, pretendiendo que estaba en clase. Había muchas palabras que no sabía. Cerré el libro y volví a la sala de clase.

El señor Lema estaba sentado en su escritorio. Cuando entré me miró sonriéndose. Me sentí mucho mejor. Me acerqué a él y le pregunté si me podía ayudar con las palabras desconocidas. «Con mucho gusto», me contestó.

El resto del mes pasé mis horas de almuerzo estudiando ese inglés con la ayuda del buen señor Lema.

La trompeta

Un viernes durante la hora del almuerzo, el señor Lema me invitó a que lo acompañara a la sala de música. «¿Te gusta la música?», me preguntó. «Sí, muchísimo», le contesté entusiasmado, « me gustan los corridos mexicanos. » Él cogió una trompeta, la tocó un poco y luego me la entregó. El sonido me hizo estremecer. Me encantaba ese sonido. «¿Te gustaría aprender a tocar este instrumento?», me preguntó. Debió haber comprendido la expresión en mi cara porque antes que yo le respondiera, añadió. «Te voy a enseñar a tocar esta trompeta durante las horas de almuerzo.»

Ese día casi no podía esperar el momento de llegar a casa y contarles las nuevas a mi familia. Al bajar del camión me encontré con mis hermanitos que gritaban y brincaban de alegría. Pensé que era porque yo había llegado, pero al abrir la puerta de la chocita, vi que todo estaba empacado en cajas de cartón . . .

(Francisco Jiménez, «Cajas de cartón» en «The Bilingual Review/La Revista Bilingüe», Vol. 4; 1970.)

Actividades de poslectura

A. Con un(a) compañero(a), conteste las siguientes preguntas.

1. ¿Qué representa el carro para el padre? ¿Por qué le impresiona el hecho de encontrar una corbata en él?
2. ¿Por qué es tan importante la olla para la madre?
3. ¿Qué ventaja tenía la madre cuando buscaba trabajo?
4. ¿Por qué reaccionaron con alegría los hermanitos mientras que el narrador se sentía triste al saber de la mudanza?

5. Haga una serie de dibujos detallados de la escena en que se enfermó el narrador.
6. ¿Por qué se escondieron Roberto y el narrador cuando vino el autobús escolar?
7. ¿Por qué «estaban humedecidos» los ojos del padre cuando figuró las ganancias del día?
8. ¿Por qué se bañaron «bajo una manguera»?
9. ¿Por qué el narrador no quería mirar a Roberto el día que comenzó a asistir al sexto grado?
10. Describa su primer día en esa escuela.
11. ¿Qué ilusión tenía el narrador en el último párrafo? ¿Cuál fue su desilusión al abrir la puerta de la chocita?

B. Escoja una de las siguientes actividades de escritura.

1. Escríbale una carta a Francisco Jiménez, pidiéndole más información sobre su niñez y los cambios en su vida desde entonces.
2. Escriba una composición contrastando su vida con la del narrador del cuento.

Capítulo 3

Sabine R. Ulibarrí nació en Tierra Amarilla, Nuevo México, en 1919 y fue profesor de idiomas en la Universidad de Nuevo México en Albuquerque. Sus cuentos nos ofrecen una ventana por la cual vemos la cultura mexicana-americana de su estado natal. Celebró su cultura, pintando a sus personajes con realismo, humor y dignidad. El cuento que sigue viene de su colección *Mi abuela fumaba puros*, de 1977.

Se fue por clavos

Actividades de prelectura

A. Con un(a) compañero(a), conteste las siguientes preguntas.

1. ¿Qué le gusta hacer a Ud. cuando se aburre?
2. ¿Qué conocen los marineros durante su servicio al país?
3. ¿Te gustaría establecerte en un lugar cuando termines tus estudios o preferirías conocer «nuevos horizontes»? ¿Por qué?
4. ¿Qué significa el título del cuento que sigue?
5. Lea el primer párrafo. ¿Qué está haciendo Roberto y cómo se siente?

B. Estudie las siguientes palabras y complete las oraciones que les siguen.

VOCABULARIO

barullo *m.*   ruido, confusión

clavar   asegurar algo con clavos

desasosiego *m.*   intranquilidad

echar raíces   establecerse en un lugar

fondos *m.*   dinero, capital

herramienta *f.*   instrumento usado por los carpinteros y otros obreros

lanzarse   irse

martillo *m.*   herramienta usada para clavar o sacar clavos

portal *m.*   porche

recorrer   transitar, viajar

rezongar   gruñir

clavo *m.*

1. Para colgar el cuadro, necesitas un _____ y un _____.

2. Cuando ando sin _____, tengo que buscar una forma de diversión que no requiera dinero.

3. Cuando fuimos a Europa, _____ muchos países.

4. Mis abuelos _____ en Nueva York después de emigrar de Italia.

5. Antes de abrir la puerta de la casa, pasé por el _____.

6. La mejor cura para el _____ es descansar en el campo un fin de semana.

7. El martillo y el destornillador son _____ usadas por los artesanos.

8. Mi hijo siempre entra en la casa con mucho _____ porque es una persona sociable y entusiasmada.

Estaba Roberto martillando en el portal, clava que clava. Rezonga que rezonga. Sentía una honda inquietud. Ganas de salir a andar por esos mundos otra vez. Ya hacía mucho que había levantado ancla. Ya era hora de soltar chancla.

Roberto había estado en la marina durante la guerra y había recorrido mucho mundo. Después de la guerra no podía echar raíces en ninguna parte. Parecía que sus aventuras y experiencias por el planeta lo habían dejado con una ansia constante de nuevos horizontes. Después de muchas andanzas por fin volvió a Tierra Amarilla. Creo que la falta de fondos influyó más que el sentimiento en su regreso.

Todos nosotros encantados con el hermano errante. Él con sus risas, chistes, bromas y sus cuentos de tierras lejanas y gentes extrañas nos divertía y entretenía. Vivía con mi hermana Carmen y su esposo.

Los martillazos se ponían cada vez más violentos. Las murmuraciones aumentaban. El desasosiego crecía. De pronto, silencio. El martillo se quedó suspenso en el aire. El pensativo. Luego, bajó de la escalera, alzó la herramienta, se quitó los guantes y los alzó con cuidado y se presentó en la puerta.

—Carmen, se me acabaron los clavos. Voy al pueblo a traer.

Pronto vuelvo.

—Bueno, hermanito. Le dices a Eduardo que traiga carne para la cena.

Caminaba despacio. Iba pensando que tenía que salir de allí. ¿Pero cómo? Le daba pena pedirle dinero a su cuñado. Él nunca pedía dinero a nadie. Cuando tenía lo prestaba al que se lo pidiera.

Compró los clavos en la tienda de don Gorgonio y entró en el café a ver si se distraía. Allí encontró a Horacio.

—¿Qué hay, Roberto?

—Así nomás.

—¿Qué estás haciendo hoy?

—Nada, como ayer.

—¿Por qué no vas conmigo a Española? Tengo que ir a traer un motor para el tractor. Volvemos esta misma tarde. Y a propósito, aquí están los diez que te debo.

—Bueno, vamos. A ver qué vientos no dan.

Roberto le entregó los clavos a Félix y le dijo que al regreso los recogería. El billete de a diez le daba una extraña sensación de seguridad. Casi, casi lo podía sentir vibrar en el bolsillo. Hacía tanto tiempo. Se preguntaba, «¿Me lanzo con sólo diez? Otras veces he salido sin nada». Estas cavilaciones le embargaban el pensamiento y lo mantuvieron un poco más reservado que de costumbre durante el viaje a Española.

Horacio y Roberto entraron en una cantina a echarse una cerveza. Allí estaba Facunda Martínez.

—Roberto, qué gusto de verte. Qué bueno que vinieras.

Ahora te pago lo que te debo.

—¿Qué hubo, compañero?

—Te debo sesenta y tres dólares, pero te voy a dar setenta y tres por haber esperado tanto.

—Debería decirte que no, pero en este momento los setenta y tres me caen como del cielo.

Otra vez las ansias. Los ochenta y tres le quemaban el bolsillo. Pero no, tenía que terminar el portal. Tal vez después.

Roberto entró en mi casa en Albuquerque como siempre entraba, como un terremoto. Abrazos, dichos, risotadas.

—Qué bien que hayas venido, Roberto. Me acaban de pagar el último plazo por el terreno de Las Nutrias que vendimos. Aquí tengo tu parte.

—¡Lindo, hermano, lindo! Que venga la plata, que yo sabré qué hacer con ella.

Se despidió de nosotros con prisa, porque, dijo, tenía que terminar un portal.

Hubo quien preguntara por Roberto a Carmen. Ella les contestaba, «Se fue por clavos».

Roberto volvió ya oscuro. Entró en la casa con el barullo de siempre. Bailando con Carmen. Luchando con Eduardo. Dulces y besos para los niños.

—Carmen, aquí están los clavos.

—Sin vergüenza, ¿por qué te tardaste tanto?

—Hermanita, me entretuve un rato con los amigos.

—Entretenerse un rato está bien. Todos lo hacen, pero nadie como tú. Si me fío de ti se cae el portal.

—Hermanita, no es para tanto.

—¡Qué hermanita, ni qué hermanita! Te fuiste por clavos y volviste después de cuatro años. ¿Te parece poco?

Ahora, en la familia, cuando alguien pregunta por Roberto, todos decimos, «Se fue por clavos».

(Sabine Ulibarrí, «Se fue por clavos» en «Mi abuela fumaba puros». Quinto Sol Publications, Inc., Berkeley, 1977.)

Actividades de poslectura

A. Con un(a) compañero(a), discuta las siguientes preguntas.

1. ¿Qué tipo de persona es Roberto?
2. ¿Para qué fue al pueblo?

3. ¿Qué le hizo posible a Roberto salir otra vez de Tierra Amarilla?
4. Determine el significado de *risotadas* en la siguiente cita: «Roberto entró en mi casa en Albuquerque como siempre entraba, como un terremoto. Abrazos, dichos, risotadas.»
5. Al final, ¿cuál es la sorpresa para el lector?
6. ¿En que parte del cuento se ve que los personajes tienen un sentido del humor?
7. ¿Cree que Roberto se quedará en Tierra Amarilla al final del cuento? ¿Por qué o por qué no?

B. Escoja una de las siguientes actividades de escritura.

1. Escriba una composición sobre las aspiraciones de Roberto.
2. Escriba un breve cuento sobre la vida de Roberto durante los cuatro años que se ausentó.

C. Su profesor(a) leerá una conversación entre Sabine Ulibarrí, de *Se fue por clavos,* Francisco, de *Cajas de cartón* y Antonio, de *La verdad*. Luego de escucharla, lea las siguientes oraciones y diga si son ciertas o falsas. Si la oración es falsa, cámbiela para que sea cierta.

1. Los tres han tenido éxito en su vida profesional.
2. El autor de «Se fue por clavos» se adaptó a la vida social en su escuela cuando se mudó.
3. El maestro de Francisco lo regañó por hablar inglés.
4. De adulto, Antonio vivía en el mundo hispano.
5. El carro parece haber sido un símbolo importante del estado social de los dueños.
6. Todos recuerdan con cariño las visitas a las abuelas.
7. Los tres hablantes quieren escribir la historia de su vida.

Capítulo 4

El español Carlos Ruiz de Azilú publicó este cuento en *Temas españoles* en Madrid después de la Guerra Civil Española. Aunque este escritor no alcanzó la fama de varios otros autores de su época, la obra a continuación es conmovedora y digna de incluirse en este libro.

El alcázar no se rinde

Actividades de prelectura

A. Investigue las causas y los participantes en la Guerra Civil española. Describa a los republicanos y a los nacionalistas. ¿Qué grupos pertenecían a cada lado?

B. Con un(a) compañero(a), conteste las siguientes preguntas.

1. ¿En qué consiste el heroísmo?
2. ¿Qué sacrificios hay que hacer a veces para ser un héroe?
3. ¿Dejaría Ud. que mataran a su hijo por un ideal en el que Ud. creyera?

C. Estudie el siguiente vocabulario y complete las oraciones con la palabra apropiada.

VOCABULARIO

alcázar *m.*   castillo, fortaleza
auricular *m.*   receptor del teléfono
despacho *m.*   oficina
detener   arrestar

encomendar   fiarse; ponerse al amparo de alguien
rendirse   entregarse, darse por vencido
sobrar   haber más de lo necesario

1. El profesor estaba en su _____ haciendo su trabajo de investigación.

2. El _____ de Sevilla fue construido por los árabes.

3. La madre de Lazarillo le _____ su hijo a un ciego.

4. A pesar de las pérdidas, las tropas no quisieron _____.

5. _____ al ladrón poco después del robo.

6. Después de terminar la conversación telefónica, colgué el _____.

7. Como me _____ tiempo antes de tener que llegar a la cita, di una vuelta por el parque.

I

Eran aproximadamente las diez de la mañana del día veintitrés de julio de 1936 cuando sonó el teléfono del despacho del coronel Moscardó. Se hallaba éste rodeado de varios de los jefes del Alcázar y otros oficiales, organizando la defensa exterior y la acomodación del personal refugiado. Pausadamente se levantó el coronel y se dirigió al teléfono.

La conversación de aquella llamada telefónica ha de contarse entre los diálogos más heroicos de nuestros días:

—¿Quién está al aparato?

—Soy el jefe de las milicias socialistas. Tengo la ciudad en mi poder, y si dentro de diez minutos no se ha rendido Ud., mandaré fusilar a su hijo Luis, que lo he detenido; y para que vea que es así, él mismo le hablará. «A ver, que venga Moscardó».

En efecto, el padre oye a su hijo Luis, que le dice tranquilamente por el aparato:

—Papá, ¿cómo estás?

—Bien, hijo mío. ¿Qué te ocurre?

—Nada de particular. Que dicen que me fusilarán si el Alcázar no se rinde, pero no te preocupes por mí.

—Mira, hijo mío; si es cierto que te van a fusilar, encomienda tu alma a Dios, da un ¡Viva Cristo Rey! Y otro ¡Viva España y muere como un héroe y mártir! Adiós, hijo mío; un beso muy fuerte.

—Adiós, papá; un beso muy fuerte.

II

A continuación se oye nuevamente la voz del jefe de milicias, preguntando:

—¿Qué contesta Ud.?

El coronel Moscardó pronuncia estas sublimes palabras:

—¡Que el Alcázar no se rinde y que sobran los diez minutos!

A los pocos días fue asesinado vilmente don Luis Moscardó Guzmán, joven de diecisiete años, nuevo mártir de la Cruzada.

Cuando el coronel Moscardó colgó el auricular, un silencio impresionante que nadie se atrevía a romper reinaba en su despacho. Todos comprendían la magnitud del sacrificio ofrecido a la Patria y la singular heroicidad del gesto. Intensamente pálido y con los ojos entristecidos por la angustia de su drama interior, el coronel Moscardó rompió el silencio, dirigiéndose a sus colaboradores:

—Y bien, señores, continuemos...

(Carlos Ruiz de Azilú, «El alcázar no se rinde» en «Temas españoles». Publicaciones Españolas, Madrid.)

Actividades de poslectura

A. Con un(a) compañero(a), conteste las siguientes preguntas.

1. ¿Qué situación se describe en el primer párrafo?
2. ¿Según el contexto, qué significa «aparato» en este cuento?
3. ¿Qué le pide el padre al hijo?
4. ¿Cómo son las relaciones entre padre e hijo?
5. ¿Por qué estaban todos callados cuando el coronel colgó el teléfono?
6. ¿Qué actitud representa la última oración del cuento?
7. ¿Le parece un gesto heroico o insensato por parte del padre?
8. ¿Lo (La) conmueve o lo (la) enfurece a Ud. este cuento? ¿Por qué?

B. Escoja una de las siguientes actividades de escritura.

1. Escriba su opinión acerca del acto del Coronel Moscardó.
2. Escriba de otro(s) acto(s) de heroísmo que Ud. conozca.
3. Escriba un ensayo sobre las consecuencias de una guerra civil para la población de un país.

Capítulo 5

Ana María Matute nació en Barcelona en 1926. Durante su niñez padeció de una enfermedad del riñón, por lo que pasó un año con sus abuelos en Mansilla de la Sierra mientras se recuperaba. Ese es un pueblo riojano que aparece con el nombre de Artámila en sus obras, y la autora dice que allí conoció a los personajes de su obra literaria. Sus personajes son, en su mayoría, niños o adolescentes que se ven como víctimas de un mundo injusto y cruel. Matute estudió música y pintura, y las descripciones vívidas y poéticas son un reflejo de su sensibilidad artística. Los cuentos que siguen tienen lugar en el ambiente inhóspito de Artámila y demuestran la enajenación de sus protagonistas.

Los alambradores

Actividades de prelectura

A. Con un(a) compañero(a), conteste las siguientes preguntas.

1. ¿Quiénes son los gitanos? ¿En qué partes del mundo viven? ¿Cómo viven?
2. ¿Por qué existe el prejuicio? ¿Normalmente, qué tipo de persona tiene prejuicios?
3. ¿Qué puede hacer Ud. para sobrevivir si tiene hambre y no tiene comida, dinero o trabajo?
4. ¿Qué problemas tiene un(a) niño(a) nuevo(a) en un vecindario nuevo?
5. ¿Qué problemas tienen los que no tienen una casa permanente, como los braceros? ¿Cómo podrían mejorar su vida y su futuro?
6. ¿Cuando todavía no existían las tarjetas de crédito, qué hacía la gente que no tenía dinero para comprar comida?
7. ¿Qué significa «alambrador»? ¿Por qué se titula «Los alambradores» el cuento?

B. Estudie el siguiente vocabulario y complete las oraciones con la palabra apropiada.

VOCABULARIO

¡arrea!   se dice para que un animal de tiro se dé prisa

acudir   ir a un sitio
algarabía *f.*   gritería confusa

alones *m.* alas de pájaro sin plumas

arraigar echar raíces, establecerse en un lugar

arreglar reparar

asentarse establecerse en un pueblo

babilla *f.* saliva que sale de la boca en hebras

burlarse poner en ridículo a alguien

cacarear hacer los sonidos de gallina

cacharros *m.* ollas

caer bien gustar

chaval *m.* muchacho

chupar sacar con los labios el jugo de algo

delantal *m.* artículo de ropa para proteger la parte delantera del vestido

desplumar quitar las plumas

echar una ojeada mirar ligeramente

enterarse saber, ser consciente de algo

escudilla *f.* plato hondo

faena *f.* tarea, labor

fijarse notar

fingir aparentar lo que no es cierto

jornalera *f.* trabajadora pagada por día

lumbre *f.* fuego, fogata

oficio *m.* ocupación de arte mecánica

pandilla *f.* grupo de jóvenes asociados con actos criminales

pedir de fiado comprar sin pagar, con el compromiso de pagar más tarde

picardía *f.* acción deshonesta o traviesa

pulir frotar algo para hacerlo brillante

quedarse permanecer

quincallero *m.* vendedor de objetos de poco valor

recodo *m.* curva en el camino

sartén *m.* vasija de hierro usada para freír

1. Hay que _____ el pollo antes de cocinarlo.

2. Si molestas a una gallina, _____ mucho.

3. Las personas amables les _____ a todos.

4. Cuando oí la _____, salí a la calle a ver qué pasaba.

5. Mi padre quiere que yo escoja un _____ que me pague bien.

6. El público _____ puntualmente al concierto porque está entusiasmado.

7. Hoy en día no es la costumbre _____ porque usamos tarjetas de crédito.

8. Generalmente se sirve la sopa o la avena en una _____.

9. Yo nunca _____ en la ropa de mis compañeros porque no soy muy observador.

10. Usé una _____ para freír las patatas.

11. Ya que estaba descompuesto, un señor vino a _____ nuestro televisor.

12. La señora se puso un _____ para que no se ensuciara el vestido.

13. Una _____ es un grupo de jóvenes que a veces cometen actos de violencia.

14. La criada _____ los cubiertos de plata.

15. _____ es lo que se dice para que un animal siga adelante.

16. Les convendría a los gitanos _____ en una parte si quisieran tener una vida más estable.

17. Al bebé le pusieron un babero porque le caía un hilo de _____ por la boca.

Llegaron al pueblo apenas amaneció la primavera. Hacía un tiempo más bien frío, con largos cielos grises sobre la tierra húmeda. El deshielo se retrasaba y el sol se hacía pegajoso, adhesivo a la piel, a través de la niebla. Los del campo andaban de mal humor, blasfemando. Seguramente no se les presentaban bien las cosas de la tierra: yo sabía que era así, cuando les oía y les veía de aquélla forma. Mi abuelo me tenía prohibido llegarme al pueblo cuando notaba estas cosas en el aire —porque decía que en el aire se notaban—. Y aún, también, me lo prohibía en otras ocasiones, sin explicar el porqué. El caso es que en este tiempo, y de prohibido, me hallaba yo en la puerta de la herrería de Halcón, cuando por la carretera apareció el carro, entre la neblina.

—Cómicos —dijo el herrero Halcón hurgándose en un diente con el dedo meñique.

Halcón era muy amigo mío, entre otras razones porque le llevaba de escondidas tabaco del abuelo. Estaba sentado a su puerta, rebuscando el sol primerizo y comiéndose un trozo de pan frotado con ajo y aliñado con un aceite espeso y verde.

—¿Qué cómicos? —dije yo.

Halcón señaló con la punta de su navaja el carro que aparecía entre la niebla. Su toldo, como una vela, blanqueaba extrañamente; parecía un barco fantasmal que avanzara por el río gris y pedregoso de la carretera, aun con escarcha en las cuentas.

Ciertamente eran cómicos. No tuvieron mucha suerte en el pueblo —el mejor para ellos era el tiempo de invierno, cuando las faenas del campo habían terminado, o la plena primavera, ya avanzada y verdecida—, pues en aquellos días no estaba nadie de humor para funciones, metido cada cual en su faena. Sólo yo, el secretario y su familia —mujer y cinco muchachos—, el ama del cura y las criadas del abuelo, que me llevaron con ellas acudimos a la primera de las funciones. A la tercera noche, los cómicos se fueron por donde habían venido.

Pero no todos. Dos de ellos se quedaron en el pueblo. Un viejo y un muchachito, de nueve o diez años. Los dos muy morenos, muy sucios, con la carne extrañamente seca, como las estacas bajo el sol, en agosto. «Tienen la carne sin unto», oí que decía de ellos Feliciana Moreno, la jornalera más vieja de los Fuensanta, que fue a la tienda por aceite. Acababan de pasar los cómicos, que compraron cien gramos de aceitunas negras, para comer con pan del que llevaban en el zurrón. Luego les vi sentarse en la plaza, junto a la fuente, y masticar despacio, mirando a lo lejos. Los dos con la mirada de los caminos.

—Son gitanos —dijo Halcón, pocos días después, en que pude escaparme de nuevo—. ¿Sabes tú, criatura? Son gitanos: una mala raza. Sólo de verles la frente y las palmas de las manos se les adivina el diablo.

—¿Por qué? —pregunté.

—Porque sí —contestó.

Fui a echar una ojeada al pueblo, en busca de los gitanos, y les vi sentados en los porches. El niño voceaba algo:

—¡Alambradoreees!— decía.

Por la noche, mientras cenaba aburridamente en la gran mesa del comedor, con el abuelo, oí ruidos en la cocina y se me despertó la curiosidad. Apenas terminé de comer, besé al abuelo y fingí subir a acostarme. Pero, muy al contrario, bajé a la cocina, donde Elisa, la cocinera, y las criadas, junto con el mandadero Lucas el Gallo, se reían de los alambradores, que allí estaban. El viejo contaba algo, sentado junto a la lumbre, y el niño miraba con sus ojos negros, como dos agujeros muy profundos, el arroz que le servía Elisa en una escudilla de barro. Me acerqué silenciosamente, pegándome a la pared como yo sabía, para que nadie se fijara en mí. Elisa vertió salsa de tomate de la que quedaba en una sartén sobre el arroz blanco de la escudilla. Luego alcanzó un vasito chato de color verde, muy hermoso, y lo llenó de vino. El vino se levantó de un golpe, dentro del vaso, hasta rebosar. Cayeron unas gotas en la mesa y la madera las chupó, como con sed. Elisa le dio una cuchara de madera al niño, y se volvió, con las manos en jarras, a escuchar al viejo. Una sonrisa muy grande le llenaba la cara. Sólo entonces puse atención en sus palabras:

—. . . y me dije: se acabó la vida de perro. Éste y yo nos quedamos, para arraigar en el pueblo. El padre de éste, a lo primero, dijo que no. Pero a la larga le he convencido. Yo, lo que dije: el oficio se lo enseño al muchacho, que un oficio es lo que se necesita pa vivir *asentao*. Y él lo pensó: «bueno, abuelo: lo que *usté* diga. Ya volveremos *pa* el invierno, a ver qué tal les pinta a *utés* . . .» Yo quiero hacer del chico un hombre, ¿saben *ustés*? No un perro de camino. No es buena esa vida: se sale ladrón, o algo peor, por los caminos . . . Aquí, se *asienta* uno. Yo quiero a mi nieto *asentao*. Que se case, que le nazcan hijos en el pueblo . . . Pasan los años sin sentir, ¿saben *ustés*?

No era verdad lo que dijo Halcón: no eran gitanos. Porque no hablaban como los gitanos ni sabían cantar. Pero hablaban también de un modo raro, diferente, que a lo primero de todo no se entendía mucho. Me senté y apoyé los codos en las rodillas, para escuchar a gusto. Lucas el Gallo se burló del viejo:

—Será gobernador el chico, si se queda de alambrador en el pueblo. Lo menos gobernador . . .

Las criadas se reían, pero el viejo parecía no enterarse. Y si se enteraba no hacía caso, porque seguía diciendo que quería «asentarse» en el pueblo y que todos les respetaran.

—Lo único que pide uno: que le den trabajo, sin molestar a nadie. Que uno se salga a la vida con su trabajo de uno . . .

El niño arrebañaba el fondo de la escudilla, cuando el viejo le dio ligeramente con el cayado en los riñones. El niño saltó como un rayo, limpiándose la boca con el revés de la mano.

—Arrea, Caramelo— le dijo el viejo. Y las criadas se rieron también, al saber que el chico se llamaba Caramelo.

Les dieron dos calderos y una sartén para arreglar. El viejo dijo:

—Como nuevos, mañana.

Cuando se fueron, Elisa fingió descubrir mi presencia y se santiguó:

—¡A estas horas andan las golondrinas sueltas . . .! ¡A estas horas! ¡Como el rayo, a la cama, o bajará el amo atronándonos!

Yo subí tal como ella dijo, a zambullirme en las sábanas.

Al día siguiente los alambradores trajeron todos los cacharros. Y era verdad que estaban como nuevos: yo les pasé los dedos por las soldaduras. Y, además, los habían pulido: brillaban como oro. Elisa les pagó y les dio comida, otra vez.

—¿Y cómo anda al trabajo? —les preguntó—.

¿Hay muchos clientes en el pueblo?

—Ninguno— dijo el viejo—. Bueno: ya llegarán . . .

—¿Dónde dormisteis?

El viejo fingió no oír su última pregunta y se salió de allí, con el niño. Cuando no podían oírla, Elisa dijo con el aire triste y grande que ponía para hablar de los hombres que fueron a la guerra, de las tormentas, de los niños muertos:

—No encontraron trabajo, no encontrarán. En el pueblo no caen bien los forasteros, cuando son pobres.

Eso me dolió. Y dos días después, que me escapé a la herrería, le dije a Halcón, para tranquilizarme:

—¿Por qué no encuentran trabajo los alambradores? Dice Elisa que lo hacen muy bien.

Halcón escupió en el suelo y los ojos le relampaguearon:

—¡Qué saben los gurriatos de las cosas de los hombres! ¡A callar, los que no saben!

—Dime por qué, Halcón, y así sabré.

—Porque son gitanos. Son mala raza de gitanos ladrones y asesinos. En estos pueblo de Santa Magdalena y de San Roque, con nuestra reliquia en el altar del Santo, no caben razas del diablo. Nadie les dará nada. Porque yo te digo, y verás cómo acierto: ésos harán una picardía gorda y los tendremos que echar.

—Puede que no . . .— dije. Me acordaba de la espalda del chico Caramelo, con sus huesecillos como alones, a través de la ropa, y lo sentía.

—Será, será. Ya verás tú, inocente, como será. A los alambradores los vi por la calle de las Dueñas, golpeando una lata con una piedra y gritando:

—¡Alambradoreees!— a través de la neblina dulce de la mañana.

Luego, al mediodía, entraron en la tienda, y pidieron aceite de fiado.

—No se fía —les dijeron.

Salieron en silencio, otra vez, hacia la fuente. Les vi como bebían agua y enfilaban luego hacia la calle del Osario, gritando:

—¡Alambradoreees!

Oírles me dejaba una cosa ácida en el paladar, y le pedí a Elisa:

—Busca todos los cacharros viejos que tengas, para que los arreglen los alambradores . . .

—Criatura: todos los arreglaron. Los que lo necesitaban y los que no. ¿Qué puedo yo hacer?

Nada. Nada podía hacer nadie. Estaba visto. Porque a la tarde del domingo, estando yo en los porches curioseando entre los burros y los carritos de los quincalleros (entre cintas de seda, relojitos de hojalata, anillos con retratos de solados a todo color, puntillas blancas, piezas de pana marrón, peines azules y alfileres de colores) oí la algarabía y salí a la carretera.

Dos mujeres y una pandilla de chiquitos perseguían, gritando, vociferando, a los alambradores. Había en la tarde, que ya se presentaba cálida y con sol, una extraña polvareda azul, un revoloteo de plumas negras, unas piedras lanzadas con furia, como palabras, hacia aquella espalda de huesecillos como alones.

—¡La peste, la peste de gentuza! ¡Me robaron a la *Negrita*! ¡Me robó el golfo del pequeño, a mi *Negrita*! ¡La llevaba escondida debajo de la chaqueta, a mi *Negrita* . . .!

La *Negrita* cacareaba, a medio desplumar, con sus ojos redondos de color de trigo, envuelta en el delantal de la Baltasara. Los chiquillos recogían piedras de la cuneta, con un gozo muy grande. A uno, que llamaban el Buque, al inclinarse al suelo a por un canto muy grande, le caía un hilo de babilla por la boca abierta.

Corrí, para verles como se iban: de prisa, con un trotecillo menudo, arrimándose a la roca (como yo a la pared, cuando no quería que se me viera). El chaval se volvió dos veces con sus ojos negros, como agujeros muy hondos. Luego, traspusieron el recodo, a todo correr. Caramelo llevaba los brazos levantados por encima de la cabeza y la espalda temblando, como un pájaro en invierno.

(Ana María Matute, «Los alambradores» en «Historias de la Artámila». Ediciones Destino, S.A., Barcelona, 1961.)

Actividades de poslectura

A. Con un(a) compañero(a), responda a estas preguntas.

1. ¿Cómo representa Matute a Halcón? ¿Y a los niños del pueblo?
2. ¿Por qué no fue mucha gente a la función de cómicos?
3. ¿Por qué se quedaron Caramelo y su abuelo en el pueblo?
4. Dibujen los ojos de Caramelo.
5. Busquen un ejemplo de personificación en el párrafo que describe la cena de los gitanos en la cocina.
6. ¿Por qué fingió el abuelo no oír la pregunta sobre dónde durmieron?
7. ¿A qué compara Matute la espalda de Caramelo?
8. ¿Qué habían tratado de conseguir en la tienda los alambradores? ¿Por qué no lo consiguieron?
9. ¿Quién es la Negrita?
10. Matute describe a Buque como un muchacho a quien «le caía un hilo de babilla por la boca abierta». ¿Por qué nos lo representa así?
11. Dibujen los dos últimos párrafos del cuento.
12. ¿Cuáles son los temas de este cuento?

Los siguientes relatos breves aparecen en «Los niños tontos». Entremezclan el realismo con la poesía para ofrecernos cuentos parecidos a las pinturas impresionistas.

Los niños tontos

Actividades de prelectura

A. Estudie el siguiente vocabulario y complete las oraciones con la palabra apropiada.

VOCABULARIO

ahumada *adj.*   ennegrecida con el humo

capillita *f.*   pequeña iglesia

carbón *m.*   materia negra, sólida y combustible usada para calentar la casa y para cocinar

colchón *m.*   parte de la cama en que duermes

crías de ranas *f.*   ranas recién nacidas

chapuzarse   meterse la cabeza en el agua

chillones *adj.*   brillantes, llamativos

embadurnado *adj.*   cubierto todo

estanque *m.*   lago artificial que provee agua para el riego

grillitos *m.*   insectos que producen un sonido agudo

orilla *f.*   tierra inmediata al río o al mar

pila *f.*   estanque donde se lava

rozar   tocar ligeramente

segar   cortar

tina *f.*   bañera

OTRAS PALABRAS

agacharse

campanilla *f.*

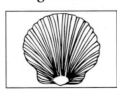

caracola *f.*

grifo *m.*

1. La madre _____ para abrazar a su hijo.

2. Los obreros _____ el trigo para cosecharlo.

3. Desgraciadamente el _____ se va a acabar; por eso, hay que buscar otras fuentes de energía.

4. Caminamos por la _____ del mar antes de bañarnos en él.

5. Prefiero un _____ muy suave, porque así duermo mejor.

6. Llenó la _____ con agua tibia para bañarse.

7. El salmón _____ es sabroso.

8. Bautizaron al bebé en la _____ de la iglesia.

9. Cuando se meten los _____ en la casa, no me dejan dormir por el ruido que hacen.

10. Tuvimos que abrir el _____ para llenar el lavamanos con agua.

B. Con un(a) compañero(a), discuta las siguientes preguntas.

1. ¿Qué tipo de niño(a) no juega con los juguetes?
2. ¿Cómo se puede describir el mar?
3. ¿Qué quiere hacer una persona que se siente sucia?

El niño que no sabía jugar

Había un niño que no sabía jugar. La madre le miraba desde la ventana ir y venir por los caminillos de tierra, con las manos quietas, como caídas a los dos lados del cuerpo. Al niño, los juguetes de colores chillones, la pelota, tan redonda, y los camiones, con sus ruedecillas, no le gustaban. Los miraba, los tocaba, y luego se iba al jardín, a la tierra sin techo, con sus manitas, pálidas y no muy limpias, pendientes junto al cuerpo como dos extrañas campanillas mudas. La madre miraba inquieta al niño, que iba y venía con una sombra entre los ojos. «Si al niño le gustara jugar yo no tendría frío mirándole ir y venir». Pero el padre decía, con alegría: «No sabe jugar, no es un niño corriente. Es un niño que piensa».

Un día la madre se abrigó y siguió al niño, bajo la lluvia, escondiéndose entre los árboles. Cuando el niño llegó al borde del estanque, se agachó, buscó grillitos, gusanos, crías de rana y lombrices. Iba metiéndolos en una caja. Luego, se sentó en el suelo, y uno a uno los sacaba. Con sus uñitas sucias, casi negras, hacía un leve ruidito, ¡crac!, y les segaba la cabeza.

(Ana María Matute, «El niño que no sabía jugar» en «Los niños tontos», 5ta ed. Ediciones Destino, S.A., Barcelona, 1986.)

Polvo de carbón

La niña de la carbonería tenía polvo negro en la frente, en las manos y dentro de la boca. Sacaba la lengua al trozo de espejo que colgó en el pestillo de la ventana, se miraba el paladar, y le parecía una capillita ahumada. La niña de la carbonería abría el grifo que siempre tintineaba, aunque estuviera cerrado, con un perlita tenue. El agua salía fuerte, como chascada en mil cristales contra la pila de piedra. La niña de la carbonería abría el grifo del agua los días que entraba el sol, para que el agua brillara, para que el agua se triplicase en la piedra y en el trocito de espejo. Una noche, la niña de la carbonería despertó porque oyó a la luna rozando la ventana. Saltó precipitadamente del colchón y fue a la pila, donde a menudo se reflejaban las caras negras de los carboneros. Todo el cielo y toda la tierra estaban llenos, embadurnados del polvo negro que se filtra por debajo de las puertas, por los resquicios de las ventanas, mata a los pájaros y entra en las bocas tontas que se abren como capillitas ahumadas. La niña de la carbonería miró a la luna con gran envidia. «Si yo pudiera meter las manos en la luna», pensó. «Si yo pudiera lavarme la cara con la luna, y los dientes, y los ojos». La niña abrió el grifo, y, a medida que el agua subía, la luna bajaba, bajaba, hasta chapuzarse dentro. Entonces la niña la imitó. Estrechamente abrazada a la luna, la madrugada vio a la niña en el fondo de la tina.

(Ana María Matute, «Polvo de carbón» en «Los niños tontos», 5ta ed. Ediciones Destino, S.A., Barcelona, 1986)

Mar

Pobre niño. Tenía las orejas muy grandes, y, cuando se ponía de espaldas a la ventana, se volvían encarnadas. Pobre niño, estaba doblando, amarillo. Vino el hombre que curaba, detrás de sus gafas. «El mar —dijo—; el mar, el mar». Todo el mundo empezó a hacer maletas y a hablar del mar. Tenían una prisa muy grande. El niño se figuró que el mar era como estar dentro de una caracola grandísima, llena de rumores, cánticos, voces que gritaban muy lejos, con un largo eco. Creía que el mar era alto y verde.

Pero cuando llegó al mar se quedó parado. Su piel, ¡qué extraña era allí! —Madre —dijo, porque sentía vergüenza—, quiero ver hasta dónde me llega el mar.

Él, que creyó el mar alto y verde, lo veía blanco, como el borde de la cerveza, cosquilleándole, frío, la punta de los pies.

—¡Voy a ver hasta dónde me llega el mar!— Y anduvo, anduvo, anduvo. El mar, ¡qué cosa rara!, crecía, se volvía azul, violeta. Le llegó a las rodillas. Luego, a la cintura, al pecho, a los labios, a los ojos. Entonces, le entró en las orejas el eco largo, las voces que llaman lejos. Y en los ojos, todo el color. ¡Ah, sí, por fin, el mar era verdad! Era una grande, inmensa caracola. El mar, verdaderamente, era alto y verde.

Pero los de la orilla, no entendían nada de nada. Encima, se ponían a llorar a gritos, y decían: «¡Qué desgracia! ¡Señor, qué gran desgracia!».

(Ana María Matute, «Mar» en «Los niños tontos», 5ta ed. Ediciones Destino, S.A., Barcelona, 1986.)

Actividades de poslectura

Con un(a) compañero(a), discuta las siguientes preguntas.

1. ¿Por qué no le interesaban los juguetes el niño que no sabía jugar? ¿Por qué no se preocupaba el padre por él? ¿Y por qué se preocupaba la madre?
2. ¿Qué hacía ese niño con los animalitos?
3. ¿Quién le aconsejó al niño de «Mar» que fuera al mar? ¿Por qué?
4. ¿Cuál era la imagen que tenía el niño del mar?
5. Dibujen la escena del penúltimo párrafo. ¿Por qué lloraron al final «los de la orilla»?
6. ¿Qué tenía la niña de *Polvo de carbón* en todas partes del cuerpo? ¿Qué le fascinaba ver cuando hacía sol?
7. ¿Qué oyó ella una noche? ¿Adónde fue la niña después?
8. ¿Por qué envidiaba a la luna?

9. Matute escribe «. . . a medida que el agua subía, la luna bajaba, bajaba hasta chapuzarse dentro.» Describa lo que está pasando en sus propias palabras.
10. ¿Qué hizo la niña al final y qué le pasó?

El siguiente cuento viene de la antología «Algunos muchachos».

Muy contento

Actividades de prelectura

A. Con un(a) compañero(a), discuta las siguientes preguntas.

1. ¿Quiénes planifican su futuro, Ud. o sus padres? ¿Qué papel desempeñan ellos en sus planes?
2. ¿Qué problemas pueden surgir cuando los padres no dejan que sus hijos tomen sus propias decisiones?
3. ¿Si su padre (madre) tiene un negocio, qué ventajas y desventajas tendría trabajar para él (ella)?
4. ¿Cómo se sienten los novios al acercarse la fecha de la boda? ¿Típicamente, quién tiene más interés en los preparativos, el novio o la novia?
5. ¿Qué efecto produce el uso de la palabra *etcétera*? ¿Se refiere a algo importante?
6. ¿Cómo reacciona Ud. cuando se ve en una foto con un amigo(a) o su novio(a)? ¿En qué piensa al verlo(a)?
7. ¿Se besan los miembros de su familia? ¿Es algo automático o verdaderamente reflejan los besos el cariño que se tienen? ¿Se debe obligar a un(a) niño(a) a besar a los amigos o parientes?
8. A veces se dice que un(a) estudiante es perezoso(a) cuando no se esfuerza o no demuestra entusiasmo por los estudios. ¿A qué se puede deber esa pereza?

B. Estudie el siguiente vocabulario y complete las oraciones con la palabra apropiada.

VOCABULARIO

aborrecer odiar
abrumado *adj.* agobiado, molestado
acatamientos *m.* obediencia
ajeno *adj.* distante, perteneciente a otro
apagar extinguir
arder quemar

asco *m.* repugnancia que incita al vómito
barrote *m.* barra de hierro
cabestrillo *m.* banda pendiente del hombro para sostener un brazo lastimado

catre *m.* cama ligera para una sola persona

cerilla *f.* fósforo

dar una vuelta dar un paseo

darle la gana querer

degollar cortar el cuello o la garganta

desasirse soltarse, desprenderse

desvelarse (en este cuento) hacerse consciente

espetar un par de sonoros ósculos besar con mucho ruido

garrita *f.* «pie» de pájaro

gerente *m. & f.* el que dirige un negocio

habla que te habla hablando mucho

jaleo *m.* conmoción

mirilla *f.* pequeña abertura en la puerta para observar quién llama

odio *m.* contrario del amor

pamela *f.* sombrero de ala ancha

parabienes *m.* felicitaciones

placentero *adj.* agradable, que da placer

quesero *m.* persona que hace queso

ramillete *m.* ramo de flores

ser *m.* animal o persona

sin ton ni son sin causa, motivo, razón

soltero *m.* persona que no está casada

suceder pasar, ocurrir

uña *f.* cubierta que protege la parte superior de los dedos

OTRAS PALABRAS

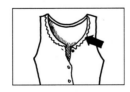

escote

1. Cuando Juan se rompió el brazo, tuvo que ponerlo en _____.

2. Los padres les enseñan a sus hijos a portarse bien en casa _____ , es decir, cuando están en casa de otra persona.

3. La señorita llevaba un vestido de _____ bajo y redondo que llamaba mucho la atención.

4. El _____ es un sentimiento muy fuerte y dañino porque te lleva a pensar de una manera demasiado negativa.

5. El _____ del hotel se encarga de dirigir todos los servicios para los huéspedes.

6. ¿Leíste en el periódico lo que _____ anoche en la ciudad?

7. Cuando el anciano escupió al piso el tabaco que masticaba, me dio _____ .

8. Me hace falta una _____ para encender la linterna de queroseno.

9. Hubo un incendio en nuestro barrio y la casa _____ toda la noche.

10. Como me sobraba tiempo, decidí _____ por el parque para hacer un poco de ejercicio.

11. Juana nunca se calla; pasa todo el día _____.

12. Cuando un _____ querido muere, los familiares sienten su pérdida profundamente.

. . . y un oscuro y obsceno guardarropa ocupara el mundo . . .

PABLO NERUDA

Empezó el día de la fotografía, es decir, el día que miré la fotografía al minuto, que nos hicimos Elisa y yo, como si todo marchara perfectamente. Por lo menos, así estaba escrito, o decidido, en un inexorable orden que presidió mi vida desde que nací.

Elisa y yo habíamos ido a dar una vuelta por el Paseo del Mar, y era domingo, antes de comer. Ella habla que te habla, y yo escuchando, como siempre. Faltaban tres días para la boda, y estábamos repletos, atosigados de proyectos. No de proyectos amorosos, que esos, si los hubo, yacían sofocados por todos *los demás:* la casa, el dinero, el viaje de novios, los mil detalles de la ceremonia, etcétera. No se acababan nunca los proyectos, y yo me sentía, como siempre, así como flotante sobre mi persona, en cadena ininterrumpida desde el minuto en que nací (como antes dije). Mientras la oía hablar y hablar, se me ocurrió que la cosa no merecía tanto jaleo, y al tiempo, pensé que posiblemente el día en que yo vine a este mundo, hubo en la familia un revuelo parecido, y que desde aquel preciso instante todos en enzarzaron en proyectos y proyectos —o quien sabe, acaso aún antes de que yo diese mi primer vagido— y todavía, todavía, todavía, yo caminaba dócilmente sobre la calzada de aquellos proyectos, sin parar. Fue entonces cuando me invadió la vasta y neblinosa pereza que en otras ocasiones se iniciara, y que, con frecuencia, me empujara de Norte a Sur como un desdichado globo. Por ejemplo, era una clase de pereza parecida a la que me invadió el día de las bodas de oro de mis padres (yo fui hijo tardío de un matrimonio tardío). Recuerdo la cantidad de telegramas que se recibieron en casa aquel día. Todos los amigos, o conocidos, o deudores, les enviaron parabienes, tales como si hacía tantos años que empezaron el negocio, y que si tantas cosas pasaron, cosas que se referían al negocio que llevaban juntos, y que si mi madre era la mujer fuerte y compañera-accionista ideal, trabajadora, etcétera, y que si años y más años juntos y levantando el negocio hombro con hombro sin reposo, ni fiestas, ni esparcimientos, ni tabaco (como quien dice). Total, que me entraba una pereza cada vez más grande medida que oía como todo aquello debía servirme de estímulo, a mí, que tanto me gustaba estarme quietecito con un pedazo de sol en un pie. Así que la pereza incontenible crecía al recuerdo de todos los puestos que mi padre, ayudado por la fidelidad inconmoviblemente ahorrativa de mi madre, había acumulado, desde que empezó como vulgar quesero a mano —lo aprendió del abuelo, que era pastor y tenía la cara ampliada en una fotografía, muy negra por las cejas y bigotes, encima del aparador con las tazas que nunca se usaban porque se rompían sólo de mirarlas— y había acabado (o por lo menos llegado el día de sus bodas de oro) como propietario de una importante cadena de industrias queseras, dentro y fuera de la región, porque hasta en Madrid era conocido y valorado su nombre (siempre en relación al queso, se entiende, porque en la guerra o se significó, ni luego). Así que aquel día me sentí atropellado por legiones de años y quesos, y de fechas importantes en la industria familiar, y tuve ganas de esconderme en alguna parte oscurita, cerrar los ojos, o, por lo menos dejarme resbalar debajo de la mesa, que estaba cubierta de copas azules con Chinchón y migas. Pero todo eso no me lo decía yo de una manera clara, sino que me venía a retazos sueltos, desde algún agujero que yo tenía dentro y no sabía. Total que, resumiendo, aquella mañana, Elisa, que estaba tan locuaz, dijo:

—Ramoncito, vamos a hacernos una foto de esas al minuto. Mira, va a ser nuestra última foto de solteros . . . (etcétera).

He de confesar que esas palabras me produjeron una sensación rara. No sé, como una desazón absolutamente desordenada que rompía todo el engranaje, todo el minucioso programa establecido sobre mi persona, desde el (tantas veces rememorado en mi presencia) día de mi nacimiento (sucedido, al parecer, tras un parto que me hacía dudar sobre la tan alabada sabiduría de la Naturaleza).

Aquella mañana con Elisa, en el Paseo del Mar, cuando ella me dijo eso del último día de solteros, venía hacia nosotros un hombrecito con guardapolvo y boina, que arrastraba sobre una tarima de ruedas una máquina fotográfica del año de la polka. Dije que bueno, porque jamás fui discutidor. Nos cogimos del brazo, el hombrecito dijo que nos sonriéramos y luego se metió debajo del trapo negro.

Estuvimos mirando luego cómo sacaba la placa y la metía en un cubo con líquido, y en la cartulina cuadradita se fueron marcando sombras que, al parecer, éramos nosotros en los últimos días de solteros. Cuando nos dio la foto, ya terminada, casi seca, se me desveló todo esto que estoy contando. Era como si a mí también me hubieran metido en un líquido misterioso y apareciera por primera vez, tal y como soy, ante mis ojos. Me vi triplicado en aquella pequeña cartulina, mal cortada por los bordes, húmeda aún, abarquillándome junto a una desconocida. Era yo, yo mismo, con mi cara ligeramente estúpida de retratado sin ton ni son, con mi soltería, aún, con mi traje azul oscuro del domingo (que por cierto tenía los bajos del pantalón fofos). Allí estaba yo, mirándome, con un brazo como en cabestrillo, sujetando a una mujer que no conocía. Elisa seguía diciendo cosas, y me di cuenta de que hacía muchos años yo no escuchaba esas cosas. Aquel ser, que se aferraba posesivamente a mi pobre brazo como enyesado tras una rotura, era un ser absolutamente ajeno a mí. Pero, principalmente, he de admitir que mi atención se fijaba en aquel pomito de flores que la muy insensata habíase prendido en el pico del escote. Era un manojo de flores artificiales que salía como disparado hacia fuera, como disparado hacia mí. Mis ojos se centraron en aquellas flores de pétalos anchos y coloreados, como dispuestos a saltar de un momento a otro, igual que animales dañinos. Me fascinaron y, a un tiempo, aborrecí aquellas ridículas flores, con un odio espeso y antiguo, que me llegaba como viento, como un resplandor a través de sombras. De repente, me dije que yo nunca había odiado antes, que nunca había amado. Y aquel odio recién nacido, reconfortante, suntuoso, se centraba en el adorno, y yo lo paladeaba como un caramelo.

Me desasí de las manos de Elisa, sujetas a mi brazo como las garritas de un pájaro a un barrote, y ellas se enroscaron de nuevo sobre él, y la foto cayó al suelo. Encontré sus ojos mirándome, me parece que con asombro, y vi sus labios redondeados en una O, sin proferir palabra, y experimenté cuán placentero podía resultar no oír hablar a Elisa. Me vino entonces a las mientes una sarta de hechos, de bocas redondeadas, que a su vez redondeaban programas y órdenes. Cosas establecidas, inmutables, que me condujeron, sin piedad, hasta una mañana de domingo primaveral, en la acera del Paseo del Mar.

(Por vacaciones nos visitaba tía Amelia, se inclinaba hacia mí, su ajada cara enmarcada en la pamela, que la teñía de sombras amarillas, y me invadía una ola de perfumes encontrados. Redondeaba la boca, y con un dedo largo, rematado por uña afilada de color rosa brillante, se daba unos golpecitos en la mejilla, con lo que indicaba el lugar exacto donde debía besarla. Creo que aborrecí aquella mejilla, aquella boca en forma de O, con secreta pereza y odio mezclados, tal como se me estaba desvelando, durante toda mi vida. Ya desde aquellos besos a tía Amelia, tan claramente especificados y programados, mi vida fue una sucesión de acatamientos. Cuando cursaba el 4.° de bachillerato, más o menos, tía Amelia, trajo con ella a Elisa, durante las vacaciones. Elisa tenía mi edad, y era gordinflona, pálida, de ojos celestes bastante bonitos, y espesas trenzas. Un día, jugando estúpidamente con ella y otros muchachos —estábamos escondiéndonos y encontrándonos por los altillos de la casa de mis padres— ella surgió súbita de un armario, me rodeó con sus brazos gorditos, y redondeando la boca igual que tía Amelia, me espetó un par de sonoros ósculos. No puedo detallar con exactitud la sensación que eso me produjo entonces. Pero a la vista del ramillete exhibido en el escote de la mujer que se colgaba tan injustamente de mi brazo, comprendí mi sufrida y amordazada irritación, y la angustiada sospecha de que debía ser yo quien decidiera dónde y a quién debía besar. Tal vez, mi vieja aversión a los besos nace de aquel día).

Mirando el escote y el ramillete de la mujer que me era profundamente lejana, ni siquiera antipática, me dije: ¿por qué? Me invadieron unas confusas ganas de llorar, la dejé en el Paseo, y anduve, anduve.

He repasado, y con cierto deleite, lo que fueron mis días. Reconozco que soy tirando a feo, con mi barbilla caída. Me gustaban las chicas guapas, sobre todo en el verano, que se las ve mejor, pero yo estaba tomado del brazo por Elisa, bajo la aquiescente (y, ahora lo sé positivamente), la bien planeada programación Paterna-Tía Amelia. Fui estudiante gris, ni el primero ni el último. Ingresé en la industria familiar quesera, y mis días, mis años, fueron cayendo, uno a uno, tras la puertecilla de cristal esmerilado donde, desde hacía poco tiempo, colocaron unas letras doradas que decían GERENTE. Siempre, en casa, mis padres, tía Amelia, Elisa, hablaban de mí, de mí. Quitándose la palabra, y estructurándome. Un día llegarían mis hijos —y vagamente yo repasaba visiones de niños conocidos, en brazos de madres o niñeras, salivosos, emitiendo chillidos inesperados y totalmente desprovistos de luz espiritual—. Y me sentía cubierto, rodeado, abrumado por chiquillos carnosos con ojos de porcelana, como Elisa, que crecerían, y a su vez, serían nombrados gerentes (o sabe Dios qué otras cosas). Me hundía, y desfilaban por mi recuerdo hermosas criaturas de verano, muchachos delgados y tostados por el sol, barcos, mendigos, perros, y hasta hormigas e insectos voladores. Un largo dedo con la uña lacada de rosa señalaba una pastosa y arrugada mejilla blanducha, donde yo debía besar. Inexorablemente.

Todo, repito, sucedió gracias a la fotografía. Es gracias a ella, que ahora estoy aquí, por fin, contento, tranquilo, libre. Confieso que en un primer impulso desesperado se me pasó por las mientes degollar a Elisa o tía Amelia debajo de su pamela, pero tengo los nervios muy machacados por órdenes, y además el forcejeo que supongo sucedería llegado el caso, y todas esas cosas de la sangre, que me da asco, me lo quitaron de la cabeza. Mejor era no enfrentarme a ellos, a sus ojos y sus voces, porque me volvería en seguida obediente y ambiguo, como durante tantos años. Así que era mejor no verles, y hacer las cosas solo, por mi cuenta. Por tanto, hice lo otro, que era más cómodo, y por eso estoy aquí, ahora. Y no me caso. Ni soy gerente, ni tendré hijos ni nada. Ni me van a felicitar nunca las bodas de oro, ni voy a ver un queso en mi vida. Conque llevo ya cerca de una semana tendidito en mi catre, mirando el techo y las paredes, tan cubiertas de inscripciones divertidas, con trocitos de vida de hombres que, a pesar de todo, han hecho lo que les dio la gana. Lo que les dio la gana, como a mí. ¡Cómo ardían las GRANDES QUESERIAS DE GUTIERREZ E HIJO! ME acordé de cómo me gustaba de niño encender cerillas y dejarlas caer sin apagar, y vino mi padre y me dio una torta.

Ahora estoy contento. A veces viene ése, con sus ojos tan confortablemente juntos sobre su agradable nariz de patata, a vigilarme por la mirilla, o a traerme comidita. Sólo me preocupa que me vengan con psiquiatras y gente así, y me saquen de aquí. Pero no me costará convencerles de que soy normal, y además, estoy contento.

(Ana María Matute, «Muy contento» en «Algunos muchachos». Ediciones Destino, Barcelona, 1968.)

Actividades de poslectura

A. Con un(a) compañero(a), responda a las siguientes preguntas.

1. ¿Cuál es la actitud del narrador hacia su boda en la primera página de la lectura? ¿Qué detalles le interesan a la novia? ¿Cuál es su impresión de las bodas de oro de sus padres?
2. ¿Por qué se compara el narrador a un «desdichado globo»? ¿Qué tendrán en común el narrador y un globo?
3. Busquen varios ejemplos del desprecio que siente el narrador hacia su familia.
4. ¿Qué vio en la foto que lo trastornó? ¿Cómo reaccionó después de ver la foto? ¿Cuál fue la reacción de Elisa cuando la foto cayó al suelo?
5. Dibujen la escena con la tía Amelia y la otra con Elisa narradas entre paréntesis.
6. ¿Qué implica la palabra «programación» al hablar de su vida? ¿Qué quiere decir el narrador cuando dice, «hice lo otro»?
7. ¿Cuál es el acto de rebeldía del narrador?
8. ¿Dónde está el narrador al final del cuento? ¿Por qué dice estar contento ahora?
9. Determine el significado de las palabras subrayadas en las siguientes citas de la lectura.

   a. «Elisa . . . era gordinflona» . . .
   b. «Un largo dedo con la uña lacada de rosa» . . .
   c. . . . «y vi sus labios redondeados en una O, sin proferir palabra».
   d. «Un día llegarían mis hijos . . . emitiendo chillidos inesperados y totalmente desprovistos de luz espiritual».

B. Habiendo leído varias obras de Ana María Matute, escoja una de las siguientes actividades de escritura.

1. Escriba un párrafo, indicando con cuál de los personajes se identifica más y por qué.

2. Escriba un diálogo entre Caramelo y su abuelo. El diálogo ocurre después de la acción del cuento.
3. Escriba otro final para «Muy contento», imaginando que el protagonista se casó con su novia.

C. Su profesor(a) leerá una entrevista entre Ana María Matute y un locutor de radio. Luego de escucharla, lea las siguientes oraciones y diga si son ciertas o falsas. Si la oración es falsa, cámbiela para que sea cierta.

1. Los cuentos de Ana María Matute le parecen románticos al locutor.
2. A Matute le nació la vocación de escritora con el hecho que narró en *Los chicos.*
3. El pueblo de los abuelos de Matute se llama Artámila.
4. El ambiente de la Artámila es festivo.
5. Matute se cree muy diferente de los niños que crea en sus obras.
6. Matute fue prisionera durante la guerra civil.

Capítulo 6

> El uruguayo Mario Benedetti (1920–) ha escrito obras de casi todos los géneros literarios. Publicó su primer libro de cuentos, «Esta mañana», en 1949. Su novela más famosa, «La tregua», alcanzó fama internacional. A partir de 1973 vivió exiliado por 12 años, durante los cuales escribió los poemas que aparecen en «Viento del exilio», publicado en 1981. El cuento «Fin de semana» forma parte de «Buzón de tiempo», publicado en 1999. El cuento presenta un tema de actualidad importante para muchos jóvenes.

Fin de semana

Actividades de prelectura

A. Con un(a) compañero(a), discuta las siguientes preguntas.

1. ¿Cómo es la vida de los hijos de padres divorciados? ¿Qué conflictos sienten?
2. ¿Cuál es el deporte más popular en Sur América?
3. ¿Cómo se sentiría Ud. al conocer a la novia (al novio) de su padre (madre) divorciado(a)? ¿Cómo se siente la novia (el novio) al conocer al hijo?
4. Determine el significado de «dormitar».

B. Estudie el siguiente vocabulario y complete las oraciones con la palabra apropiada.

VOCABULARIO

bolsiyudo *m.* aficionado al equipo Nacional (*regional use*)

desvelado *adj.* sin haber dormido

dictamen *m.* mandato

entornada *adj.* medio cerrada

guión *m.* libreto de una película

hincha *f.* aficionada (*regional use*)

mecedora *f.* silla de brazos en que puedes mecerte

plomo *m.* metal pesado

precisar necesitar

puño *m.* mano cerrada

tirar la cadena descargar el inodoro

OTRAS PALABRAS

ardilla *f.*

1. Ya que le gustó el _____, el actor aceptó el papel en la película.

2. Las _____ buscan nueces para comer durante el invierno.

3. Mi abuela siempre prefería sentarse en la _____.

4. Como tuve que estudiar mucho anoche, pasé la noche _____, sin dormir ni siquiera cinco minutos.

5. Una pelota de _____ pesa mucho.

6. Si un juez pronuncia un _____, tenemos que hacerle caso.

7. El niño levantó los _____ como invitación a pelear.

8. Siempre conviene ser _____ del equipo de tu ciudad para sentirte parte de la comunidad deportiva.

Esperó al padre en la puerta de la escuela. Como todos los viernes. A partir del divorcio, Fernando vivía con su madre, pero los fines de semana eran del padre. Antes de cualquier dictamen impuesto, ellos lo habían resuelto amigablemente, sobre todo para no herir al hijo con enfrentamientos inútiles. Nunca llegaba en hora, pero esta vez demoró más que de costumbre. Mientras compartió la espera con otros chicos, Fernando no se inquietó, pero uno a uno los fueron recogiendo y al final sólo quedaron él y el portero, un tipo que además detestaba a los escolares.

Marcelo apareció por fin, casi corriendo. Fernando se resignó a besar la mejilla, paterna y sudada. Eso no le gustaba, porque la boca le quedaba húmeda y le habían enseñado que no era correcto limpiarse con el puño.

—¿Estabas nervioso?

—No.

—Por favor, no le cuentes a tu madre sobre esta demora. Digo, para que no se preocupe. La verdad es que no me podía sacar de encima a un cliente que es un plomo.

No le cuentes a tu madre. Fernando no entendía por qué no decía: No le cuentes a Luisa.

Tomaron un taxi hasta el restaurante de todos los viernes. Fernando no precisaba leer el menú. Siempre había sido fiel al churrasco con ensalada.

—¿No querés pedir otra cosa?

—No.

—Yo me aburriría pidiendo siempre lo mismo.

—A mí me gusta. Por eso no me aburro.

Marcelo cumplió con el deber paterno de preguntarle por sus clases, sus maestras, sus compañeros. Como eran las preguntas de siempre, Fernando apeló a las respuestas de siempre.

—Y de todo lo que vas aprendiendo, ¿qué es lo que más te gusta?

—Las cuentas y los cuentos.

Como acompañamiento de un humor tan primario, Fernando esbozó su primera sonrisa de este viernes, y el padre no tuvo más remedio que reírse.

En el postre tampoco hubo novedad: helado de vainilla.

—Y tu madre ¿cómo está?

—Sola. Está sola.

—Bueno, no tan sola. Está contigo ¿no?

—Sí, claro.

Llegaron al lindo apartamento sobre la Rambla y Fernando fue a su cuarto. Marcelo le había reservado ese espacio, donde, además de la cama y otros muebles, había juguetes (un mecano, un trencito eléctrico) de uso y disfrute solitarios. Y asimismo un pequeño televisor. También en casa de su madre tenía un ambiente propio, claro que con otros juguetes. A Fernando le gustaba esa doble franja de sus entretenimientos. Era como saltar de una región a otra, y viceversa.

Estuvo un rato jugando con el mecano (construyó algo que, si se lo miraba con buena voluntad, podía parecerse a un molino), vio en la tele un documental sobre las ardillas, dormitó un rato, así hasta que Marcelo lo llamó desde la terraza.

Allí lo esperaba una novedad: una muchacha, alta, rubia y con el pelo suelto, de vaqueros, que a Fernando le pareció linda y simpática.

—Fernando— dijo el padre—. Ésta es Inés, una buena amiga mía, que también va a ser una buena amiga tuya.

La buena amiga sólo dijo ¡hola!, pero le tomó de un brazo y lo acercó a su mecedora. Lo besó con suavidad y Fernando advirtió con alivio que aquella mejilla no estaba sudada. A él le cayó bien que Inés no le interrogara sobre la escuela, las clases, las maestras y los otros alumnos. En cambio, le hizo comentarios sobre películas y sobre fútbol. Le pareció increíble que una mujer supiera tanto de fútbol. Además, como al pasar, dijo que era hincha de Nacional. También él era bolsiyudo. Un buen comienzo. Marcelo, en cambio, era de Peñarol, pero asistía satisfecho a aquel estreno, como el autor clandestino de un buen libreto.

Inés había traído unos paquetes con comida, así que cenaron en casa. Después vieron un poco de televisión (noticias sobre hambrunas, inundaciones y atentados), pero como a Fernando se le cerraban los ojos, el padre lo mandó a la cama, no sin antes recomendarle que se lavara los dientes.

A medianoche lo despertó un ruido procedente del cuarto de baño. Alguien había tirado la cadena. Como la puerta de su cuarto estaba entornada, Fernando pudo espiar desde allí. Inés, de camisón, salió del baño y entró en la habitación de Marcelo.

Fernando volvió a su cama y durante un buen rato estuvo desvelado. Inés era linda y simpática y además de Nacional. Pero, antes de dormirse, Fernando decidió reforzar su lealtad a Luisa. A su madre no le importaba el fútbol, pero aun así a él le parecía más linda y más simpática.

El sábado y el domingo, Fernando disfrutó de su padre y éste de Fernando. No era el momento de hacer el balance de la situación. Como si hubiera concluido el guión de la película, Inés no habló más de fútbol. Estaba tan callada, que en la tarde del domingo Marcelo se le acercó, le acarició el lindo pelo y le preguntó si pasaba algo.

—Nada importante —dijo ella—. Sólo que tengo que acostumbrarme.

Lo dijo en un murmullo, sólo para Marcelo, pero Fernando la escuchó (la abuela siempre decía: «este chico tiene un oído de tísico») y llegó a la conclusión de que también él tenía que acostumbrarse. ¿Se acostumbraría?

El domingo a la noche, Marcelo reintegró al chico al ámbito materno. Llamó desde abajo y cuando oyó algo parecido a la voz de su ex mujer, dijo: «Luisa, aquí te dejo a Fernando. Chau». «Gracias. Chau», dijo el intercomunicador, más afónico que de constumbre.

Fernando subió en el ascensor hasta el sexto piso. Allí lo esperaba Luisa. Lo besó, tenía la cara con un poco de pancake, pero a él no le importó.

Un rato después, ella le hizo un jugo de naranja. De pronto contempló a Fernando con curiosidad. Pensó que era absurdo, pero le pareció que de algún modo su hijo había crecido en sólo 48 horas.

Sólo por decir algo, Luisa preguntó:

—Y tu padre ¿cómo está?

Fernando pensó: ella tampoco dice «Marcelo» sino «tu padre». Tragó saliva antes de responder:

—Solo. Está solo.

(Mario Benedetti, «Fin de semana» en «Buzón de tiempo»; Alfaguara, México, 1999.)

Actividades de poslectura

A. Con un(a) compañero(a), conteste las siguientes preguntas.

1. Según el contexto, ¿qué clase de juguete es el mecano que está en el cuarto del niño?
2. ¿Qué significa que el cliente de Marcelo «es un plomo»?
3. ¿Cómo se puede explicar que ni el padre ni la madre emplea el nombre de la «ex-pareja» al hablarle a Fernando?
4. ¿Por qué pide Fernando siempre lo mismo cuando cena con su padre?
5. ¿Cree que Marcelo de veras tiene interés en la vida de su hijo? Justifique su respuesta.
6. ¿Por qué dice Fernando que su madre está sola cuando Marcelo pregunta por ella y que su padre está solo cuando Luisa pregunta por él?
7. ¿Por qué se sentía agradecido Fernando de que la amiga no le preguntara «de la escuela, las maestras y los otros alumnos»?
8. ¿Qué parece haber pasado entre Marcelo y su amiga la tarde del domingo?
9. ¿Qué significa un «oído de tísico»?
10. A su juicio, ¿qué pasará en el futuro de Fernando?

B. Escoja una de las siguientes actividades de escritura.

1. Compare sus experiencias con las de Fernando.
2. Escriba un ensayo sobre el sentimiento de soledad de los hijos. Incluya algunos ejemplos de este sentimiento del cuento que acabas de leer.

Capítulo 7

Horacio Quiroga (1878–1937) nació en Uruguay, aunque vivió su vida adulta en una provincia selvática llamada Misiones de la Argentina. Principalmente cuentista; muchos de sus relatos se desarrollan en la selva, lugar de belleza pero al mismo tiempo un medio en que sus personajes son víctimas de fuerzas hostiles de la barbarie. Su estilo es realista-naturalista, de tono fatalista. Los temas de Quiroga se mencionan en el título de la antología de la cual viene el cuento, «Cuentos de amor, de locura y de muerte», publicada en 1917.

A la deriva

Actividades de prelectura

A. Con un(a) compañero(a), conteste las preguntas.

1. Describa la selva. ¿Qué problemas tienen las personas que viven en la selva?
2. ¿Qué haría Ud. si lo (la) mordiera una serpiente?
3. ¿Cómo afecta el veneno de las culebras a sus víctimas?
4. ¿Dónde está el Río Paraná?

B. Estudie el siguiente vocabulario y complete las oraciones con la palabra apropiada.

VOCABULARIO

arrastrar tirar de una cosa por el suelo

atracar anclar una nave

borbollón *m.* erupción que hace el agua hirviente

caña *f.* en este cuento, el licor creado del jugo fermentado de la caña de azúcar

damajuana *f.* vasija de cristal de boca estrecha para transportar líquidos

deriva *f.* nave sin rumbo, llevada por la corriente

entenebrecida *adj.* oscura

estirar extender

fangosa *adj.* llena de lodo (fango)

fondo *m.* parte sólida en la que descansa el agua del río o del mar

fulgurante *adj.* intenso

guacamayo *m.* pájaro parecido al loro

hinchazón *f.* inflamación de una parte del cuerpo

ingle *f.* parte del cuerpo donde se conectan los muslos con el vientre

ligar atar

lomo *m.* parte central de la espalda

morcilla *f.* tripa de cerdo, rellena de sangre y cocida

ojeada *adj.* mirada ligera

pala *f.* remo

palear remar

pantorrilla *f.* parte carnosa de la pierna detrás de la rodilla

popa *f.* parte posterior de una nave o canoa

remolino *m.* movimiento giratorio y rápido del agua

rocío *m.* condensación del vapor de agua; gotas que aparecen en las plantas y otras cosas

trapiche *m.* molino para extraer el jugo fermentado de la caña de azúcar

yaracacusú *f.* tipo de serpiente

1. Mi abuelo siempre llevaba una _____ con un poquito de licor.

2. No podía ponerse las botas altas porque tenía las _____ muy gordas.

3. En Costa Rica visitamos un _____ para ver cómo sacan el jugo de la caña de azúcar.

4. Cuando me picó la abeja, comencé a sentir la _____ del brazo.

5. Los indígenas _____ sus canoas por el río con mucha destreza.

6. Me encantaban los colores de los _____ que vi en los árboles de la selva.

7. En España se come la _____ con frecuencia.

8. Me gusta sentarme en un asiento de pasillo en el avión para _____ me las piernas.

9. En el _____ del mar hay muchos peces y plantas interesantes.

10. Algunos dicen que la abundancia del _____ por la noche indica tiempo húmedo para el día siguiente.

11. Eché una _____ al libro en la librería antes de comprarlo.

El hombre pisó algo blancuzco, y en seguida sintió la mordedura en el pie. Saltó adelante, y al volverse, con un juramento vio una yaracacusú que, arrollada sobre sí misma, esperaba otro ataque.

El hombre echó una veloz ojeada a su pie, donde dos gotitas de sangre engrosaban dificultosamente, y sacó el machete de la cintura. La víbora vio la amenaza y hundió más la cabeza en el centro mismo de su espiral; pero el machete cayó de lomo, dislocándole las vértebras.

El hombre se bajó hasta la mordedura, quitó las gotitas de sangre y durante un instante contempló. Un dolor agudo nacía de los dos puntitos violeta y comenzaba a invadir todo el pie. Apresuradamente se ligó el tobillo con su pañuelo y siguió por la picada hacia su rancho.

El dolor en el pie aumentaba, con sensación de tirante abultamiento, y de pronto el hombre sintió dos o tres fulgurantes puntadas que, como relámpagos, habían irradiado desde la herida hasta la mitad de la pantorrilla. Movía la pierna con dificultad; una metálica sequedad de garganta, seguida de sed quemante, le arrancó un nuevo juramento.

Llegó por fin al rancho y se echó de brazos sobre la rueda de un trapiche. Los dos puntitos violeta desaparecían ahora en la monstruosa hinchazón del pie entero. La piel parecía adelgazada y punto de ceder, de tensa. Quiso llamar a su mujer, y la voz se quebró en un ronco arrastre de garganta reseca. La sed lo devoraba.

—¡Dorotea!— alcanzó a lanzar en un estertor—.

¡Dame caña!

Su mujer corrió con un vaso lleno, que el hombre sorbió en tres tragos. Pero no había sentido gusto alguno.

—¡Te pedí caña, no agua!— rugió de nuevo.— ¡Dame caña!

—¡Pero es caña, Paulino!— protestó la mujer, espantada.

—¡No, me diste agua! ¡Quiero caña, te digo!

La mujer corrió otra vez, volviendo con la damajuana. El hombre tragó uno tras otro dos vasos, pero no sintió nada en la garganta.

—Bueno; esto se pone feo . . .— murmuró entonces, mirando su pie, lívido y ya con lustre gangrenoso. Sobre la honda ligadura del pañuelo la carne desbordaba como una monstruosa morcilla.

Los dolores fulgurantes se sucedían en continuos relampagueos y llegaban ahora a la ingle. La atroz sequedad de garganta, que el aliento parecía caldear más, aumentaba a la par. Cuando pretendió incorporarse, un fulminante vómito lo mantuvo medio minuto con la frente apoyada en la rueda de palo.

Pero el hombre no quería morir, y descendiendo hasta la costa subió a su canoa. Sentóse en la popa y comenzó a palear hasta el centro del Paraná. Allí la corriente del río que en las inmediaciones del Iguazú corre seis millas, lo llevaría antes de cinco horas a Tacurú-Pucú.

El hombre, con sombría energía, pudo efectivamente llegar hasta el medio del río; pero allí sus manos dormidas dejaron caer la pala en la canoa, y tras un nuevo vómito —de sangre esta vez— dirigió una mirada al sol, que ya transponía el monte.

La pierna entera, hasta medio muslo, era ya un bloque deforme y durísimo que reventaba la ropa. El hombre cortó la ligadura y abrió el pantalón con su cuchillo: el bajo vientre desbordó hinchado, con grandes manchas lívidas y terriblemente doloroso. El hombre pensó que no podría llegar jamás él solo a Tucurú-Pucú y se decidió a pedir ayuda a su compadre Alves, aunque hacía mucho tiempo que estaban disgustados.

La corriente del río se precipitaba ahora hacia la costa brasileña, y el hombre pudo fácilmente atracar. Se arrastró por la picada en cuesta arriba; pero a los veinte metros, exhausto, quedó tendido de pecho.

—¡Alves! —gritó con cuanta fuerza pudo; y prestó oído en vano.— ¡Compadre Alves! ¡No me niegues este favor! —clamó de nuevo, alzando la cabeza del suelo.

En el silencio de la selva no se oyó rumor. El hombre tuvo aún valor para llegar hasta su canoa, y la corriente, cogiéndola de nuevo, la llevó velozmente a la deriva.

El Paraná corre allí en el fondo de una inmensa hoya, cuyas paredes, altas de cien metros, encajonan fúnebremente el río. Desde las orillas, bordeadas de negros bloques de basalto, asciende el bosque, negro también. Adelante, a los costados, atrás siempre la eterna muralla lúgubre, en cuyo fondo el río arre-molinado se precipita en incesantes borbollones de agua fangosa. El paisaje es agresivo y reina en él un silencio de muerte. Al atardecer, sin embargo, su belleza sombría y calma cobra una majestad única.

El sol había caído ya cuando el hombre, semitendido en el fondo de la canoa, tuvo un violento escalofrío. Y de pronto, con asombro, enderezó pe-sadamente la cabeza: se sentía mejor. La pierna le dolía apenas, la sed dismi-nuía, y su pecho, libre ya, se abría en lenta inspiración.

El veneno comenzaba a irse, no había duda. Se hallaba casi bien, y aunque no tenía fuerzas para mover la mano, contaba con la caída del rocío para re-ponerse del todo. Calculó que antes de tres horas estaría en Tacurú-Pucú.

El bienestar avanzaba, y con él una somnolencia llena de recuerdos. No sentía ya nada ni en la pierna ni en el vientre. ¿Viviría aún su compadre Gaona, en Tacurú-Pucú? Acaso viera también a su ex patrón míster Dougald y al recibidor del obraje.

¿Llegaría pronto? El cielo, al poniente, se abría ahora en pantalla de oro, y el río se había coloreado también. Desde la costa paraguaya, ya entenebrecida, el monte dejaba caer sobre el río su frescura crepuscular en penetrantes efluvios de azahar y miel silvestre. Una pareja de guacamayos cruzó muy alto y en si-lencio hacia el Paraguay.

Allá abajo, sobre el río de oro, la canoa derivaba velozmente, girando a ratos sobre sí misma ante el borbollón de un remolino. El hombre que iba en ella se sentía cada vez mejor, y pensaba entretanto en el tiempo justo que había pasado sin ver a su ex patrón Dougald. ¿Tres años? Tal vez no, no tanto. ¿Dos años y nueve meses? Acaso. ¿Ocho meses y medio? Eso sí seguramente.

De pronto sintió que estaba helado hasta el pecho. ¿Qué sería? Y la res-piración . . .

Al recibidor de maderas de míster Dougald, Lorenzo Cubilla, lo había conocido en Puerto Esperanza un Viernes Santo . . . ¿Viernes? Sí, o jueves . . .

El hombre estiró lentamente los dedos de la mano.

—Un jueves . . .

Y cesó de respirar.

(Horacio Quiroga, «A la deriva» en «Cuentos de amor, de locura y de muerte»; Claudio García y Cía, Editores; Montevideo.)

Actividades de poslectura

A. Con un(a) compañero(a), conteste las siguientes preguntas.

1. Haga dos dibujos que ilustren la acción de los primeros dos párrafos del cuento.
2. ¿A qué se refieren las palabras «dos puntitos violeta» en el tercer pá-rrafo del cuento?
3. ¿Qué hizo el hombre con el pañuelo?
4. ¿Para qué le pidió caña a Dorotea? ¿Qué creía él que ella le había lle-vado?

5. Aparte del dolor del pie, ¿qué otro síntoma tenía?
6. ¿Adónde quería ir en su canoa y para qué?
7. ¿Por qué decidió pedirle ayuda a su compadre Alves?
8. Llamó a Alves, pero éste no contestó. ¿Qué hizo el hombre entonces?
9. Lea el párrafo que comienza «El Paraná corre allí en el fondo . . .» ¿Qué parece simbolizar el río?
10. Cuando el sol cayó, ¿pensaba que se había mejorado o que estaba peor? Escriban una oración del cuento que justifique su respuesta.
11. ¿En cuánto tiempo pensaba estar en Tacurú-Pucú?
12. ¿Por qué describe el autor al Río Paraná como un «río de oro» al final del cuento?
13. El hombre se pregunta sobre el tiempo que había pasado sin ver a su ex-jefe y cuándo había conocido a su asistente, pero no recuerda enseguida. ¿Qué indica eso de su condición?
14. Dibuje la escena final del cuento y diga lo que pasó.

B. Escoja una de las siguientes actividades de escritura.

1. Escriba una carta de Dorotea a la familia del hombre, contando lo que ha pasado. Explique por qué no lo acompañó a Tacurú-Pucú.
2. Rescriba el principio del cuento desde la perspectiva de la yaracacusú, quien se siente amenazada por la presencia del hombre.
3. Describa en sus propias palabras los diferentes aspectos de la naturaleza, como se presenta en el cuento.

C. Su profesor(a) leerá un diálogo imaginario entre Fernando (de «Fin de semana») y el protagonista de «A la deriva», al encontrarse en la vida de ultratumba. Luego de escucharlo, conteste las siguientes preguntas.

1. ¿Dónde tiene lugar esta conversación?
2. ¿Qué dos mundos comparan los personajes?
3. ¿Qué emoción tienen en común los dos personajes?
4. ¿Cuáles eran los peligros en la vida de los dos personajes?
5. ¿En qué mundo se puede inferir que el hombre es víctima del prójimo?

Capítulo 8

El argentino Jorge Luis Borges fue uno de los escritores más famosos y respetados del siglo XX. Nació en Buenos Aires y pasó la mayoría de su vida allí, pero también vivió en Suiza, España y los Estados Unidos. Muy conocedor de la literatura inglesa y norteamericana y catedrático de ellas en la Universidad de Buenos Aires, fue influido por el filósofo alemán Schopenhauer. Quedó ciego, pero siguió escribiendo a pesar de su ceguera, dictándole sus obras a su secretaria, con quien se casó en 1966. Borges no es un escritor que evoque una reacción sentimental sino intelectual. Su dominio de la palabra es fenomenal y los argumentos de sus obras están cuidadosamente elaborados. Algunos de sus temas son el engaño, el machismo, el laberinto, el mal, el tiempo y la ilusión, los cuales desarrolla con exquisita ironía y tramas imaginativas.

La intrusa

Actividades de prelectura

A. En grupos pequeños, discuta las siguientes preguntas y comparta sus respuestas con toda la clase.

1. ¿Cómo se refleja el amor entre dos hermanos en su vida diaria?
2. ¿Típicamente, cuáles son los motivos de conflictos entre hermanos?
3. ¿Cómo se siente Ud. cuando tiene un(a) amigo(a) íntimo(a) y otra persona comienza a compartir esa relación? ¿Que pasa si el recién llegado prefiere a su amigo(a) o viceversa?
4. ¿Qué ocurre cuando su mejor amigo(a) decide pasar más tiempo con su novia(o) y lo (la) ignora por ella (él)?
5. ¿Tiene un novio el derecho de controlar la vida y el destino de su novia?
6. ¿Le parece que los hombres que expresan sus emociones y sentimientos son menos masculinos?

B. Estudie el siguiente vocabulario y complete las oraciones con la palabra apropiada.

VOCABULARIO

ajeno *adj.*   persona que no sea familiar

cobrar   recibir dinero por servicios o trabajo

colmar   dar muchos regalos o atenciones

fallecer   morir

fracasar tener un resultado adverso, salir mal	**pormenor** *m.* detalle
lucir exhibir	**soler** acostumbrar
mate *m.* bebida de Sudamérica parecida al té	**velorio** *m.* reunión de parientes y amigos antes de un funeral

OTRAS PALABRAS

desvío *m.*

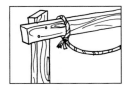

palenque *m.*

1. Antes de enterrar al muerto, le hicieron un _____.

2. Cuando _____ mi abuelo, le hicieron una misa fúnebre.

3. A los detectives les interesa saber todos los _____ de un crimen para llevar a cabo su investigación.

4. El _____ es una bebida que se toma diariamente en la Argentina, el Paraguay y Chile.

5. El padre le _____ a la niña de muchos juguetes.

6. Ya que Julia era hermosa, Alejandro quería _____ la, sacándola a pasear en ropa elegante.

7. En las películas del oeste, los vaqueros dejan sus caballos en el _____ cuando entran en el bar.

8. Cuando era niño me acostaba usualmente temprano; _____ acostarme a las nueve.

9. Cuando el obrero _____ su sueldo, fue a pagar sus cuentas.

10. Para algunos es difícil sentirse a gusto con los _____; prefieren estar con sus familiares.

11. Desde que están arreglando la carretera al aeropuerto, tienes que tomar un _____.

12. El negocio no resultó un éxito, sino que _____.

Dicen (lo cual es improbable) que la historia fue referida por Eduardo, el menor de los Nelson, en el velorio de Cristián, el mayor, que falleció de muerte natural, hacia mil ochocientos noventa y tantos, en el partido de Morón. Lo cierto es que alguien la oyó de alguien, en el decurso de esa larga noche perdida, entre mate y mate, y la repitió a Santiago Dabove, por quien la supe. Años después, volvieron a contármela en Turdera, donde había acontecido. La segunda con las pequeñas variaciones y divergencias que son del caso. La escribo ahora porque en ella se cifra, si no me engaño, un breve y trágico cristal de la índole de los orilleros antiguos. Lo haré con probidad, pero ya preveo que cederé a la tentación literaria de acentuar o agregar algún pormenor.

En Turdera los llamaban los Nilsen. El párroco me dijo que su predecesor recordaba, no sin sorpresa, haber visto en la casa de esa gente una gastada Biblia de tapas negras, con caracteres góticos; en las últimas páginas entrevió nombres y fechas manuscritas. Era el único libro que había en la casa. La azarosa crónica de los Nilsen, perdida como todo se perderá. El caserón, que ya no existe, era de ladrillo sin revocar; desde el zaguán se divisaban un patio de baldosa colorada y otro de tierra. Pocos, por lo demás, entraron ahí; los Nilsen defendían su soledad. En las habitaciones desmanteladas dormían en catres; sus lujos eran el caballo, el apero, la daga de hoja corta, el atuendo rumboso de los sábados y el alcohol pendenciero. Sé que eran altos, de melena rojiza. Dinamarca o Irlanda, de las que nunca oirían hablar, andaban por la sangre de esos dos criollos. El barrio los temía a los Colorados; no es imposible que debieran alguna muerte. Hombro a hombro pelearon una vez a la policía. Se dice que el menor tuvo un altercado con Juan Iberra, en el que no llevó la peor parte, lo cual, según los entendidos, es mucho. Fueron troperos, cuarteadores, cuatreros y alguna vez tahúres. Tenían fama de avaros, salvo cuando la bebida y el juego los volvían generosos. De sus deudos nada se sabe ni de dónde vinieron. Eran dueños de una carreta y una yunta de bueyes.

Físicamente diferían del compadraje que dio su apodo forajido a la Costa Brava. Esto, y lo que ignoramos, ayuda a comprender lo unidos que fueron. Malquistarse con uno era contar con dos enemigos.

Los Nilsen eran calaveras, pero sus episodios amorosos habían sido hasta entonces de zaguán o de casa mala. No faltaron, pues, comentarios cuando Cristián llevó a vivir con él a Juliana Burgos. Es verdad que ganaba así una sirvienta, pero no es menos cierto que la colmó de horrendas baratijas y que la lucía en las fiestas. En las pobres fiestas de conventillo, donde la quebrada y el corte estaban prohibidos y donde se bailaba, todavía, con mucha luz. Juliana era de tez morena y de ojos rasgados; bastaba que alguien la mirara, para que se sonriera. En un barrio modesto, donde el trabajo y el descuido gastan a las mujeres, no era mal parecida.

Eduardo los acompañaba al principio. Después emprendió un viaje a Arrecifes por no sé qué negocio; a su vuelta llevó a la casa una muchacha, que había levantado por el camino, y a los pocos días la echó. Se hizo más hosco; se emborrachaba solo en el almacén y no se daba con nadie. Estaba enamorado de la mujer de Cristián. El barrio, que tal vez lo supo antes que él, previó con alevosa alegría la rivalidad latente de los hermanos.

Una noche, al volver tarde de la esquina, Eduardo vio el oscuro de Cristián atado al palenque. En el patio, el mayor estaba esperándolo con sus mejores pilchas. La mujer iba y venía con el mate en la mano. Cristián le dijo a Eduardo:

—Yo me voy a una farra en lo de Farías. Ahí la tenés a la Juliana; si la querés, usala.

El tono era entre mandón y cordial. Eduardo se quedó un tiempo mirándolo; no sabía qué hacer. Cristián se levantó, se despidió de Eduardo, no de Juliana, que era una cosa, montó a caballo y se fue al trote, sin apuro.

Desde aquella noche la compartieron. Nadie sabrá los pormenores de esa sórdida unión, que ultrajaba las decencias del arrabal. El arreglo anduvo bien por unas semanas, pero no podía durar. Entre ellos, los hermanos no pronunciaban el nombre de Juliana, ni siquiera para llamarla, pero buscaban, y encontraban razones para no estar de acuerdo. Discutían la venta de unos cueros, pero lo que discutían era otra cosa. Cristián solía alzar la voz y Eduardo callaba. Sin saberlo, estaban celándose. En el duro suburbio, un hombre no decía, ni se decía, que una mujer pudiera importarle, más allá del deseo y la posesión, pero los dos estaban enamorados. Esto, de algún modo, los humillaba.

Una tarde, en la plaza de Lomas, Eduardo se cruzó con Juan Iberra, que lo felicitó por ese primor que se había agenciado. Fue entonces, creo, que Eduardo lo injurió. Nadie, delante de él, iba a hacer burla de Cristián.

La mujer atendía a los dos con sumisión bestial; pero no podía ocultar alguna preferencia, sin duda por el menor, que no había rechazado la participación, pero que no la había dispuesto.

Un día, le mandaron a la Juliana que sacara dos sillas al primer patio y que no apareciera por ahí, porque tenían que hablar. Ella esperaba un diálogo largo y se acostó a dormir la siesta, pero al rato la recordaron. Le hicieron llenar una bolsa con todo lo que tenía, sin olvidar el rosario de vidrio y la crucecita que le había dejado su madre. Sin explicarle y tedioso viaje. Había llovido; los caminos estaban muy pesados y serían las once de la noche cuando llegaron a Morón. Ahí la vendieron a la patrona del prostíbulo. El trato ya estaba hecho; Cristián cobró la suma y la dividió después con el otro.

En Turdera, los Nilsen, perdidos hasta entonces en la maraña (que también era una rutina) de aquel monstruoso amor, quisieron reanudar su antigua vida de hombres entre hombres. Volvieron a las trucadas, al reñidero, a las juergas casuales. Acaso, alguna vez, se creyeron salvados, pero solían incurrir, cada cual por su lado, en injustificadas o harto justificadas ausencias. Poco antes de fin de año el menor dijo que tenía que hacer en la Capital. Cristián se fue a Morón; en el palenque de la casa que sabemos reconoció al overo de Eduardo. Entró; adentro estaba el otro, esperando turno. Parece que Cristián le dijo:

—De seguir así, los vamos a cansar a los pingos. Más vale que la tengamos a mano.

Habló con la patrona, sacó unas monedas del tirador y se la llevaron. La Juliana iba con Cristián; Eduardo espoleó al overo para no verlos.

Volvieron a lo que ya se ha dicho. La infame solución había fracasado; los dos habían cedido a la tentación de hacer trampa. Caín andaba por ahí, pero el cariño entre los Nilsen era muy grande —¡quién sabe qué rigores y qué peligros habían compartido!— y prefirieron desahogar su exasperación con ajenos. Con un desconocido, con los perros, con la Juliana, que había traído la discordia.

El mes de marzo estaba por concluir y el calor no cejaba. Un domingo (los domingos la gente suele recogerse temprano) Eduardo, que volvía del almacén vio que Cristián uncía los bueyes. Cristián le dijo:

—Vení; tenemos que dejar unos cueros en lo del Pardo; ya los cargué; aprovechemos la fresca.

El comercio del Pardo quedaba, creo, más al Sur; tomaron por el Camino de las Tropas; después, por un desvío. El campo iba agrandándose con la noche.

Orillaron un pajonal; Cristián tiró el cigarro que había encendido y dijo sin apuro:

—A trabajar, hermano. Después nos ayudarán los caranchos. Hoy la maté. Que se quede aquí con sus pilchas, ya no hará más perjuicios.

Se abrazaron, casi llorando. Ahora los ataba otro vínculo: la mujer tristemente sacrificada y la obligación de olvidarla.

(Jorge Luis Borges, «La intrusa» en «El Aleph». Emecé Editores, S.A.; 1957.)

Actividades de poslectura

A. Con un(a) compañero(a), conteste las siguientes preguntas.

1. Determine el significado de las siguientes palabras o frases, según el contexto en que se usan en el cuento.

   a. Malquistarse con uno era contar con dos enemigos.
   b. emprender un viaje
   c. descuido
   d. pilchas
   e. Ya no hará más perjuicios.

2. ¿Eran positivas las relaciones entre los hermanos antes de la llegada de Juliana? Justifique su opinión con ejemplos concretos en el cuento. ¿Qué complicó la relación entre los hermanos?

3. ¿Cuál es el tema central del cuento? ¿Conoce otro cuento con el mismo tema?

4. Mencione varios ejemplos de «machismo» en el cuento.

5. A través de la historia, a los esclavos se les consideraba objetos. ¿A qué personaje del cuento se le consideraba un objeto? Mencione a otros personajes literarios que compartan esta característica.

6. Aparte de los nombres de lugares, qué otros detalles indican que el cuento tiene lugar en Argentina?

7. ¿Adónde iban los Nilsen cuando «solían incurrir en injustificadas o harto justificadas ausencias»?

8. Explique la oración «De seguir así, los vamos a cansar a los pingos».

9. Resuma la trama. ¿Qué pasó al final? ¿Por qué?

B. Escoja una de las siguientes actividades de escritura y comparta lo que ha escrito con un(a) compañero(a).

1. Escriba el diario de Juliana, desde su llegada a casa de los Nilsen hasta el día de su muerte..

2. Escriba un diálogo entre el fantasma de Juliana y Eduardo.

3. Escriba un diálogo entre las mujeres del prostíbulo y Eduardo.

La muerte y la brújula

Actividades de prelectura

A. En grupos pequeños, conteste las siguientes preguntas.

1. ¿Si Ud. es inteligente, puede controlar su destino?

2. ¿Para qué se usa una brújula?

3. ¿Qué tiene que hacer un detective para resolver un crimen? ¿Dónde debe buscar pistas?

4. ¿Conviene publicar los detalles de una investigación criminal en el periódico? ¿Cuáles pueden ser los resultados?

5. ¿Qué motiva a un criminal a buscar venganza?

B. Estudie el siguiente vocabulario y complete las oraciones con la palabra apropiada.

VOCABULARIO

brújula *f.*   instrumento que indica los 4 puntos cardinales que usan los navegantes para orientarse

colgar el tubo   colgar el teléfono (en la Argentina)

comisario *m.*   inspector de policía

despacho *m.*   oficina

indagar   inquirir, investigar

pescante *m.*   lugar donde se sienta el conductor de un carruaje

pieza *f.*   habitación

rabino *m.*   oficial religioso de una sinagoga

redactar   escribir

secuestrar   aprehender indebidamente a una persona, frecuentemente por un rescate

yacer   estar echada o tendida una persona, especialmente en una tumba (adjetivo = yacente)

zafiro *f.*   piedra preciosa de color azul

OTRAS PALABRAS

cupé

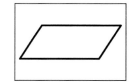

rombo

1. Los restos de JFK _____ en el cementerio de Arlington.

2. El coronel comenzó a _____ una carta al gobierno.

3. Cuando se perdió en el mar, sacó su _____ para orientarse.

4. El profesor está trabajando en su _____.

5. Cuando cumplió 16 años, sus padres le regalaron un anillo con un

   _____.

6. Cuando terminó de hablar por teléfono, _____.

7. El conductor del carruaje está sentado en el _____.

8. Los miembros de ETA _____ a una persona ilustre para que el gobierno soltara a algunos presos de su movimiento.

9. Cuando terminé la conversación telefónica, _____.

10. Los detectives resolvieron el crimen _____ por la vecindad.

De los muchos problemas que ejercitaron la temeraria perspicacia de Lönnrot, ninguno tan extraño —tan rigurosamente extraño, diremos— como la periódica serie de hechos de sangre que culminaron en la quinta de Triste-le-Roy, entre el interminable olor de los eucaliptos. Es verdad que Eric Lönnrot no logró impedir el último crimen, pero es indiscutible que lo previó. Tampoco adivinó la identidad del infausto asesino de Yarmolinksy, pero sí la secreta morfología de la malvada serie y la participación de Red Scharlach, cuyo segundo apodo es Scharlach el Dandy. Ese criminal (como tantos) había jurado por su honor la muerte de Lönnrot, pero éste nunca se dejó intimidar. Lönnrot se creía un puro razonador, un Auguste Dupin, pero algo de aventurero había en él y hasta de tahur.

El primer crimen ocurrió en el Hotel du Nord —ese alto prisma que domina el estuario cuyas aguas tienen el color del desierto. A esa torre (que muy notoriamente reúne la aborrecida blancura de un sanatorio, la numerada divisibilidad de una cárcel y la apariencia general de una casa mala) arribó el día tres de diciembre el delegado de Podólsk al Tercer Congreso Talmúdico, doctor Marcel Yarmolinsky, hombre de barba gris y ojos grises. Nunca sabremos si el Hotel du Nord le agradó: lo aceptó con la antigua resignación que le había permitido tolerar tres años de guerra en los Cárpatos y tres mil años de opresión y de pogroms. Le dieron un dormitorio en el piso R, frente a la *suite* que no sin esplendor ocupaba el Tetrarca de Galilea. Yarmolinsky cenó, postergó para el día siguiente el examen de la desconocida ciudad, ordenó en un *placard* sus muchos libros y sus muy pocas prendas, y antes de media noche apagó la luz. (Así lo declaró el *chauffeur* del Tetrarca, que dormía en la pieza contigua.) El cuatro, a las 11 y 3 minutos A.M., lo llamó por teléfono un redactor de la *Yidische Zaitung*; lo hallaron en su pieza, ya levemente oscura la cara, casi desnudo bajo una gran capa anacrónica. Yacía no lejos de la puerta que daba al corredor; una puñalada profunda le había partido el pecho. Un par de horas después, en el mismo cuarto, entre periodistas, fotógrafos y gendarmes, el comisario Treviranus y Lönnrot debatían con serenidad el problema.

—No hay que buscarle tres pies al gato —decía Treviranus, blandiendo un imperioso cigarro—. Todos sabemos que el Tetrarca de Galilea posee los mejores zafiros del mundo. Alguien, para robarlos, habrá penetrado aquí por error. Yarmolinsky se ha levantado; el ladrón ha tenido que matarlo. ¿Qué le parece?

—Posible, pero no interesante —respondió Lönnrot—. Usted replicará que la realidad no tiene la menor obligación de ser interesante. Yo le replicaré que la realidad puede prescindir de esa obligación, pero no las hipótesis. En la que usted ha improvisado, interviene copiosamente el azar. He aquí un rabino muerto; yo preferiría una explicación puramente rabínica, no los imaginarios percances de un imaginario ladrón.

Treviranus repuso con mal humor:

—No me interesan las explicaciones rabínicas; me interesa la captura del hombre que apuñaló a este desconocido.

—No tan desconocido —corrigió Lönnrot—. Aquí están sus obras completas. — Indicó en el *placard* una fila de altos volúmenes: una *Vindicación de la cábala*; un *Examen de la filosofía de Robert Fludd*; una traducción literal del *Sepher*

Yezirah; una *Biografía del Baal Shem*; una *Historia de la secta de los Hasidim*; una monografía (en alemán) sobre el Tetragrámaton; otra, sobre la nomenclatura divina del Pentateuco. El comisario los miró con temor, casi con repulsión. Luego, se echó a reír.

—Soy un pobre cristiano —repuso—. Llévese todos esos mamotretos, si quiere; no tengo tiempo que perder en supersticiones judías.

—Quizá este crimen pertenece a la historia de las supersticiones judías —murmuró Lönnrot.

—Como el cristianismo —se atrevió a completar el redactor de la *Yidische Zaitung*. Era miope, ateo y muy tímido.

Nadie le contestó. Uno de los agentes había encontrado en la pequeña máquina de escribir una hoja de papel con esta sentencia inconclusa:

La primera letra del Nombre ha sido articulada

Lönnrot se abstuvo de sonreír. Bruscamente bibliófilo o hebraísta, ordenó que le hicieran un paquete con los libros del muerto y los llevó a su departamento. Indiferente a la investigación policial, se dedicó a estudiarlos. Un libro en octavo mayor le reveló las enseñanzas de Israel Baal Shem-Tov, fundador de la secta de los Piadosos; otro, las virtudes y terrores del Tetragrámaton, que es el inefable Nombre de Dios; otro, la tesis de que Dios tiene un nombre secreto, en el cual está compendiado (como en la esfera de cristal que los persas atribuyen a Alejandro de Macedonia) su noveno atributo, la eternidad —es decir, el conocimiento inmediato de todas las cosas que serán, que son y que han sido en el universo. La tradición enumera noventa y nueve nombres de Dios; los hebraístas atribuyen ese imperfecto número al mágico temor de las cifras pares; los Hasidim razonan que ese hiato señala un centésimo nombre —el Nombre Absoluto.

De esa erudición lo distrajo, a los pocos días, la aparición del redactor de la *Yidische Zaitung*. Éste quería hablar del asesinato; Lönnrot prefirió hablar de los diversos nombres de Dios; el periodista declaró en tres columnas que el investigador Eric Lönnrot se había dedicado a estudiar los nombres de Dios para dar con el nombre del asesino. Lönnrot, habituado a las simplificaciones del periodismo, no se indignó. Uno de esos tenderos que han descubierto que cualquier hombre se re-signa a comprar cualquier libro, publicó una edición popular de la *Historia de la secta de los Hasidim*.

El segundo crimen ocurrió la noche del tres de enero, en el más desamparado y vacío de los huecos suburbios occidentales de la capital. Hacia el amanecer, uno de los gendarmes que vigilan a caballo esas soledades vio en el umbral de una antigua pinturería un hombre emponchado, yacente. El duro rostro estaba como enmascarado de sangre; una puñalada profunda le había rajado el pecho. En la pared, sobre los rombos amarillos y rojos, había unas palabras en tiza. El gendarme las deletreó . . . Esa tarde, Treviranus y Lönnrot se dirigieron a la remota escena del crimen. A izquierda y a derecha del automóvil, la ciudad se desintegraba; crecía el firmamento y ya importaban poco las casas y mucho un horno de ladrillos o un álamo. Llegaron a su pobre destino: un callejón final de tapias rosadas que parecían reflejar de algún modo la desaforada puesta de sol. El muerto ya había sido identificado. Era Daniel Simón Azevedo, hombre de alguna fama en los antiguos arrabales del Norte, que había ascendido de carrero a guapo electoral, para degenerar después en ladrón y hasta en delator. (El singular estilo de su muerte les pareció adecuado: Azevedo era el manejo del puñal, pero no del revólver.) Las palabras de tiza eran las siguientes:

La segunda letra del nombre ha sido articulada.

El tercer crimen ocurrió la noche del tres de febrero. Poco antes de la una, el teléfono resonó en la oficina del comisario Treviranus. Con ávido sigilo, habló un hombre de voz gutural; dijo que se llamaba Ginzberg (o Ginsburg) y que estaba dispuesto a comunicar, por una remuneración razonable, los hechos de los dos sacrificios de Azevedo y de Yarmolinsky. Una discordia de silbidos y de cornetas ahogó la voz del delator. Después, la comunicación se cortó. Sin rechazar aún la posibilidad de una broma (al fin, estaban en carnaval) Treviranus indagó que le habían hablado desde *Liverpool House*, taberna de la Rue de Toulon —esa calle salobre en la que conviven el cosmorama y la lechería, el burdel y los vendedores de biblias. Treviranus habló con el patrón. Éste (Black Finnegan, antiguo criminal irlandés, abrumado y casi anulado por la decencia) le dijo que la última persona que había empleado el teléfono de la casa era un inquilino, un tal Gryphius, que acababa de salir con unos amigos. Treviranus fue en seguida a *Liverpool House*. El patrón le comunicó lo siguiente: Hace ocho días, Gryphius había tomado una pieza en los altos del bar. Era un hombre de rasgos afilados, de nebulosa barba gris, trajeado pobremente de negro; Finnegan (que destinaba esa habitación a un empleo que Treviranus adivinó) le pidió un alquiler sin duda excesivo; Gryphius inmediatamente pagó la suma estipulada. No salía casi nunca; cenaba y almorzaba en su cuarto; apenas si le conocían la cara en el bar. Esa noche, bajó a telefonear al despacho de Finnegan. Un cupé cerrado se detuvo ante la taberna. El cochero no se movió del pescante; algunos parroquianos recordaron que tenía máscara de oso. Del cupé bajaron dos arlequines; eran de reducida estatura y nadie pudo no observar que estaban muy borrachos. Entre balidos de cornetas, irrumpieron en el escritorio de Finnegan; abrazaron a Gryphius, que pareció reconocerlos, pero que les respondió con frialdad; cambiaron unas palabras en yiddish —él en voz baja, gutural ellos con voces falsas, aguadas— y subieron a la pieza del fondo. Al cuarto de hora bajaron los tres, muy felices; Gryphius, tambaleante, parecía tan borracho como los otros. Iba, alto y vertiginoso, en el medio, entre los arlequines enmascarados. (Una de la mujeres del bar recordó los losanges amarillos, rojos y verdes.) Dos veces tropezó; dos veces lo sujetaron los arlequines. Rumbo a la dársena inmediata, de agua rectangular, los tres subieron al cupé y desaparecieron. Ya en el estribo del cupé, el último arlequín garabateó una figura obscena y una sentencia en una de las pizarras de la recova.

Treviranus vio la sentencia. Era casi previsible: decía:

La última de las letras del Nombre ha sido articulada.

Examinó, después, la piecita de Gryphius-Ginzberg. Había en el suelo una brusca estrella de sangre; en los rincones, restos de cigarrillos de marca húngara; en un armario, un libro en latín —el *Philologus herbraeograecus (1739)* de Leusden— con varias notas manuscritas. Treviranus lo miró con indignación e hizo buscar a Lönnrot. Éste, sin sacarse el sombrero, se puso a leer, mientras el comisario interrogaba a los contradictorios testigos del secuestro posible. A las cuatro salieron. En la torcida Rue de Toulon, cuando pisaban las serpentinas muertas del alba, Treviranus dijo:

—¿Y si la historia de esta noche fuera un simulacro?

Eric Lönnrot sonrió y le leyó con toda gravedad un pasaje (que estaba subrayado) de la disertación trigésima tercera del *Philologus: Dies Judaeorum incipit a solis occasu usque ad solis occasum diei sequentis.* Esto quiere decir —agregó—, El día hebreo empieza al anochecer y dura hasta el siguiente anochecer.

El otro ensayó una ironía.

—¿Ese dato es el más valioso que usted ha recogido esta noche?

—No. Más valiosa es una palabra que dijo Ginzberg.

Los diarios de la tarde no descuidaron esas desapariciones periódicas. *La Cruz de la Espada* las contrastó con la admirable disciplina y el orden del último congreso Eremítico; Ernst Palast, en *El Mártir*, reprobó «Las demoras intolerables de un pogrom clandestino y frugal, que ha necesitado tres meses para liquidar tres judíos»; la *Yidische Zaitung* rechazó la hipótesis horrorosa de un complot antisemita, «aunque muchos espíritus penetrantes no admiten otra solución del triple misterio»; el más ilustre de los pistoleros del Sur, Dandy Red Scharlach, juró que en su distrito nunca se producirían crímenes de ésos y acusó de culpable negligencia al comisario Franz Treviranus.

Éste recibió, la noche del primero de marzo, un imponente sobre sellado. Lo abrió: el sobre contenía una carta firmada *Baruj Spinoza* y un minucioso plano de la ciudad, arrancado notoriamente de un Baedeker. La carta profetizaba que el tres de marzo no habría un cuarto crimen, pues la pinturería del Oeste, la taberna de la Rue de Toulon y el Hotel du Nord eran «los vértices perfectos de un triángulo equilátero y místico»; el plano demostraba en tinta roja la regularidad de ese triángulo. Treviranus leyó con resignación ese argumento *more geométrico* y mandó la carta y el plano a casa de Lönnrot — indiscutible merecedor de tales locuras.

Erik Lönnrot las estudió. Los tres lugares, en efecto, eran equidistantes. Simetría en el tiempo (3 de diciembre, 3 de enero, 3 de febrero); simetría en el espacio, también . . . Sintió, de pronto, que estaba por descifrar el misterio. Un compás y una brújula completaron esa brusca intuición. Sonrió, pronunció la palabra *Tetragrámaton* (de adquisición reciente) y llamó por teléfono al comisario. Le dijo:

—Gracias por ese triángulo equilátero que usted anoche me mandó. Me ha permitido resolver el problema. Mañana viernes los criminales estarán en la cárcel; podemos estar muy tranquilos.

—Entonces ¿no planean un cuarto crimen?

—Precisamente porque planean un cuarto crimen, podemos estar muy tranquilos. —Lönnrot colgó el tubo. Una hora después, viajaba en un tren de los Ferrocarriles Australes, rumbo a la quinta abandonada de Triste-le-Roy. Al sur de la ciudad de mi cuento fluye un ciego riachuelo de aguas barrosas, infamado de curtiembres y de basuras. Del otro lado hay un suburbio fabril donde, al amparo de un caudillo barcelonés, medran los pistoleros. Lönnrot sonrió al pensar que el más afamado —Red Scharlach— hubiera dado cualquier cosa por conocer esa clandestina visita. Azevedo fue compañero de Scharlach; Lönnrot consideró la remota posibilidad de que la cuarta víctima fuera Scharlach. Después, la desechó . . . Virtualmente, había descifrado el problema; las meras circunstancias, la realidad (nombres, arrestos, caras, trámites judiciales y carcelarios), apenas le interesaban ahora. Quería pasear, quería descansar de tres meses de sedentaria investigación. Reflexionó que la explicación de los crímenes estaba en un triángulo anónimo y en una polvorienta palabra griega. El misterio casi le pareció cristalino; se abochornó de haberle dedicado cien días.

El tren paró en una silenciosa estación de cargas. Lönnrot bajó. Era una de esas tardes desiertas que parecen amaneceres. El aire de la turbia llanura era húmedo y frío. Lönnrot echó a andar por el campo. Vio perros, vio un furgón en una vía muerta, vio el horizonte, vio un caballo plateado que bebía el agua crapulosa de un charco. Oscurecía cuando vio el mirado rectangular de la quinta de Triste-le-Roy, casi tan alto como los negros eucaliptos que lo rodeaban. Pensó que apenas un amanecer y un ocaso (un viejo resplandor en el oriente y otro en el occidente) lo separaban de la hora anhelada por los buscadores del Nombre.

Una herrumbrada verja definía el perímetro irregular de la quinta. El portón principal estaba cerrado. Lönnrot, sin mucha esperanza de entrar, dio toda la vuelta. De nuevo ante el portón infranqueable, metió la mano entre los barrotes, casi maquinalmente, y dio con el pasador. El chirrido del hierro lo sorprendió. Con una pasividad laboriosa, el portón entero cedió.

Lönnrot avanzó entre los eucaliptos, pisando confundidas generaciones de rotas hojas rígidas. Vista de cerca, la casa de la quinta de Triste-le-Roy abundaba en inútiles simetrías y en repeticiones maniáticas: a una Diana glacial en un nicho lóbrego correspondía en un segundo nicho otra Diana; un balcón se reflejaba en otro balcón; dobles escalinatas se abrían en doble balaustrada. Un Hermes de dos caras proyectaba una sombra monstruosa. Lönnrot rodeó la casa como había rodeado la quinta. Todo lo examinó; bajo el nivel de la terraza vio una estrecha persiana.

La empujó: unos pocos escalones de mármol descendían a un sótano. Lönnrot, que ya intuía las preferencias del arquitecto, adivinó que en el opuesto muro del sótano había otros escalones. Los encontró, subió, alzó las manos y abrió la trampa de salida.

Un resplandor lo guió a una ventana. La abrió: una luna amarilla y circular definía en el triste jardín dos fuentes cegadas. Lönnrot exploró la casa. Por antecomedores y galerías salió a patios iguales y repetidas veces al mismo patio. Subió por escaleras polvorientas a antecámaras circulares; infinitamente se multiplicó en espejos opuestos; se cansó de abrir o entreabrir ventanas que le revelaban, afuera, el mismo desolado jardín desde varias alturas y varios ángulos; adentro, muebles con fundas amarillas y arañas embaladas en tarlatán. Un dormitorio lo detuvo; en ese dormitorio, una sola flor en una copa de porcelana; al primer roce los pétalos antiguos se deshicieron. En el segundo piso, en el último, la casa le pareció infinita y creciente. *La casa no es tan grande*, pensó. *La agrandan la penumbra, la simetría, los espejos, los muchos años, mi desconocimiento, la soledad.*

Por una escalera espiral llegó al mirador. La luna de esa tarde atravesaba los losanges de las ventanas; eran amarillos, rojos y verdes. Lo detuvo un recuerdo asombrado y vertiginoso.

Dos hombres de pequeña estatura, feroces y fornidos, se arrojaron sobre él y lo desarmaron; otro, muy alto, lo saludó con gravedad y le dijo:

—Usted es muy amable. Nos ha ahorrado una noche y un día.

Era Red Scharlach. Los hombres maniataron a Lönnrot. Éste, al fin, encontró su voz.

—Scharlach ¿usted busca el Nombre Secreto?

Scharlach seguía de pie, indiferente. No había participado en la breve lucha, apenas si alargó la mano para recibir el revólver de Lönnrot. Habló; Lönnrot oyó en su voz una fatigada victoria, un odio del tamaño del universo, una tristeza no menor que aquel odio.

—No —dijo Scharlach—. Busco algo más efímero y deleznable, busco a Eric Lönnrot. Hace tres años, en un garito de la Rue de Toulon, usted mismo arrestó, e hizo encarcelar a mi hermano. En un cupé, mis hombres me sacaron del tiroteo con una bala policial en el vientre. Nueve días y nueve noches agonicé en esta desolada quinta simétrica; me arrasaba la fiebre, el odioso Jano bifronte que mira los ocasos y las auroras daba horror a mi ensueño y a mi vigilia. Llegué a abominar de mi cuerpo, llegué a sentir que dos ojos, dos manos, dos pulmones, son tan monstruosos como dos caras. Un irlandés trató de convertirme a la fe de Jesús; me repetía la sentencia de los *goím*. Todos los caminos llevan a Roma. De noche, mi delirio se alimentaba de esa metáfora: yo sentía que el mundo es un laberinto, del cual era imposible huir, pues todos los caminos, aunque fingieran ir al norte o al sur, iban realmente a Roma, que era también la cárcel cuadrangular donde agonizaba mi hermano y la quinta de Triste-le-Roy. En esas noches yo juré por el dios que ve con dos caras y por todos los dioses de la fiebre y de los espejos tejer un laberinto en torno del hombre que había encarcelado a mi hermano. Lo he tejido y es firme: los materiales son un heresiólogo muerto, una brújula, una secta del siglo XVII, una palabra griega, un puñal, los rombos de una pinturería.

El primer término de la serie me fue dado por el azar. Yo había tramado con algunos colegas —entre ellos, Daniel Azevedo— el robo de los zafiros del Tetrarca. Azevedo nos traicionó: se emborrachó con el dinero que le habíamos adelantado y acometió la empresa el día antes. En el enorme hotel se perdió; hacia las dos de la mañana irrumpió en el dormitorio de Yarmolinsky. Éste, acosado por el insomnio, se había puesto a escribir. Verosímilmente, redactaba unas notas o un artículo sobre el Nombre de Dios; había escrito ya las palabras *La primera letra del Nombre ha sido articulada*. Azevedo le intimó silencio; Yarmolinsky alargó la mano hacia el timbre que despertaría todas las fuerzas del hotel; Azevedo le dio una sola puñalada en el pecho. Fue casi movimiento reflejo; medio siglo de violencia le había enseñado que lo más fácil y seguro es matar . . . A los diez días yo supe por la *Yidische Zaitung* que usted buscaba en los escritos de Yarmolinsky la clave de la muerte de Yarmolinsky. Leí la *Historia de la secta de los Hasidim*; supe que el miedo reverente de pronunciar el Nombre de Dios había originado la doctrina de que ese Nombre es todopoderoso y recóndito. Supe que algunos Hasidim, en busca de ese Nombre secreto, habían llegado a cometer sacrificios humanos . . . Comprendí que usted conjeturaba que los Hasidim habían sacrificado al rabino; me dediqué a justificar esa conjetura.

Marcelo Yarmolinsky murió la noche del tres de diciembre; para el segundo «sacrifico» elegí la del tres de enero. Murió en el Norte; para el segundo «sacrificio» nos convenía un lugar del Oeste. Daniel Azevedo fue la víctima necesaria. Merecía la muerte: era un impulsivo, un traidor; su captura podía aniquilar todo el plan. Uno de los nuestros lo apuñaló; para vincular su cadáver al anterior, yo escribí encima de los rombos de la pinturería *La segunda letra del Nombre ha sido articulada*.

El tercer «crimen» se produjo el tres de febrero. Fue, como Treviranus adivinó, un mero simulacro. Gryphius-Ginzberg-Ginsburg soy yo; una semana interminable sobrellevé (suplementado por una tenue barba postiza) en ese perverso cubículo de la Rue de Toulon, hasta que los amigos me secuestraron. Desde el escribo del cupé, uno de ellos escribió en un pilar *La última de las letras del Nombre ha sido articulada*. Esa escritura divulgó que la serie de crímenes era *triple*. Así lo entendió el público; yo, sin embargo, intercalé repetidos indicios para que usted, el razonador Eric Lönnrot, comprendiera que es *cuádruple*. Un prodigio en el Norte, otros en el Este y en el Oeste, reclaman un cuarto prodigio en el Sur; el Tetragrámaton —el Nombre de Dios, JHVH— consta de *cuatro* letras; los arlequines y la muestra del pinturero sugieren *cuatro* términos. Yo subrayé cierto pasaje en el manual de Leusden; ese pasaje manifiesta que los hebreos computaban el día de ocaso a ocaso; ese pasaje da a entender que las muertes ocurrieron el *cuatro* de cada mes. Yo mandé el triángulo equilátero a Treviranus. Yo presentí que usted agregaría el punto que falta. El punto que determina un rombo perfecto, el punto que prefija el lugar donde una exacta muerte lo espera. Todo lo he premeditado, Eric Lönnrot, para atraerlo a usted a las soledades de Triste-le-Roy.

Lönnrot evitó los ojos de Scharlach. Miró los árboles y el cielo subdivididos en rombos turbiamente amarillos, verdes y rojos. Sintió un poco de frío y una tristeza impersonal, casi anónima. Ya era noche; desde el polvoriento jardín subió el grito inútil de un pájaro. Lönnrot consideró por última vez el problema de las muertes simétricas y periódicas.

—En su laberinto sobran tres líneas —dijo por fin—. Yo sé de un laberinto griego que es una línea única, recta. En esa línea se han perdido tantos filósofos que bien puede perderse un mero *detective*. Scharlach, cuando en otro avatar usted me dé caza, finja (o cometa) un crimen en A, luego un segundo crimen en B, a 8 kilómetros de A, luego un tercer crimen en C, a 4 kilómetros de A y de B, a mitad de camino entre los dos. Aguárdeme después en D, a 2 kilómetros de A y de C, de nuevo a mitad de camino. Máteme en D, como ahora va a matarme en Triste-le-Roy.

—Para la otra vez que lo mate —replicó Scharlach— le prometo ese laberinto, que consta de una sola línea recta y que es invisible, incesante.

Retrocedió unos pasos. Después, muy cuidadosamente, hizo fuego.

(Jorge Luis Borges, «La muerte y la brújula» en «Ficciones»; Emecé Editores, S.A.; 1956.)

Actividades de poslectura

A. Con un(a) compañero(a), investigue, estudie y discuta las siguientes preguntas.

1. Busque por lo menos tres ejemplos de ironía en el cuento.
2. Haga un diagrama con los cuatro puntos cardinales y escriba los eventos del cuento que correspondan a cada uno de los puntos.
3. ¿Quiénes son Diana y Hermes y Jano? ¿Qué importancia simbólica tienen en este cuento?
4. Dibuje el jardín y el exterior de la quinta de Triste-le-Roy.
5. ¿Por qué la casa le parece a Lonnrot más grande de lo que es?
6. ¿Por qué busca venganza Scharlach?
7. ¿Qué religiones se mencionan en el cuento? ¿Qué actitud parece tener Borges hacia ellas?
8. Scharlach dice: «Lo [un laberinto] he tejido y es firme: los materiales son un heresiólogo muerto, una brújula, una secta del siglo XVIII, una palabra griega, un puñal, los rombos de una pinturería». Explique la relación de cada elemento en esta oración con el argumento del cuento.
9. ¿Qué papel tiene la *Yidische Zeitung* en los planes de Scharlach? ¿Qué papel tienen los Hasidim y el Tetragrámaton?
10. ¿Qué significa «Los hombres maniataron a Lonnrot»?
11. ¿De qué otra manera se pueden expresar las palabras subrayadas en las siguientes oraciones?

    a. Sabía el manejo del puñal, pero no del revólver.
    b. . . . una puñalada profunda le había rajado el pecho.
    c. . . . el teléfono resonó . . .
    d. . . . la comunicación se cortó . . .
    e. Era un hombre de rasgos afilados, de nebulosa barba gris, trajeado pobremente de negro.
    f. Gryphius, tambaleante, parecía tan borracho como los otros.

12. ¿Si una pieza es una habitación, qué es una *piecita*?
13. ¿Según la explicación de Scharlach al encontrarse con Lonnrot en la quinta de Triste-le-Roy, quién tenía razón al encontrar muerto a Yarmolinsky, Lonnrot o Treviranus? ¿Cuál es el mensaje que Borges le quiere dar al lector?
14. ¿Como lector(ora), se siente muy triste al final del cuento cuando Lonnrot muere? ¿Por qué o por qué no?
15. Dibuje el laberinto, siguiendo las instrucciones que Lonnrot le da a Scharlach al final del cuento.

B. Escoja una de las situaciones siguientes y comparta lo que escriba con un(a) compañero(a) de clase:

1. Escriba el último diálogo entre Daniel Azevedo y el bandido que lo mató.
2. Escriba un mensaje de Red Scharlach a su hermano sobre los detalles de su venganza.
3. En sus propias palabras, escriba un reportaje del tercer crimen, el secuestro de Gryphius-Ginzberg.

C. Su profesor(a) leerá una noticia. Luego de escucharla, lea las oraciones y diga si son ciertas o falsas. Si la oración es falsa, corríjala para que sea cierta.

1. Los asesinos de Lonnrot están en la cárcel.
2. Treviranus dijo que la capacidad intelectual de Lonnrot le ayudó a capturar a los asesinos.
3. Se cree que el hermano de Red Scharlach se escapó de la prisión.
4. Treviranus dijo que trató de salvarle la vida a Lonnrot.

Capítulo 9

El escritor colombiano Gabriel García Márquez (1928–) ganó el Premio Nóbel en 1982. De sus obras, la que ha alcanzado más fama es probablemente «Cien años de soledad», publicada en 1967. Su obra narrativa se caracteriza por el realismo mágico, la exageración, y el humor, y refleja el ambiente de muchos pueblos latinoamericanos en vías de desarrollo. «La siesta del martes» ilustra muchas de las características narrativas de García Márquez y es uno de los relatos favoritos del autor mismo.

La siesta del martes

Actividades de prelectura

A. En grupos de cuatro personas, conteste las siguientes preguntas y comparta sus respuestas con la clase.

1. ¿Se puede justificar el robo? ¿Cuándo?
2. ¿Qué opina Ud. sobre el boxeo?
3. ¿En los Estados Unidos, se puede identificar a una persona pobre en un lugar público? ¿Cómo?
4. Se debate con frecuencia la cuestión de la posesión de armas de fuego para la defensa personal. ¿Conviene o no?

B. Estudie el siguiente vocabulario y conteste las preguntas.

VOCABULARIO

agobiado *adj.* sofocado

almendros *m. pl.* árboles que producen almendras

apacible *adj.* tranquilo

apretar el gatillo disparar un arma

bueyes *m. pl.* animales fuertes que tiran de carretas

buscar a tientas buscar con el tacto, a ciegas

casa cural *f.* casa del sacerdote de la iglesia

charol *m.* cuero brillante que se usa para zapatos

descalzo *m.* sin zapatos

escaño *m.* banco para sentarse

garabatear escribir ilegiblemente

limosna *f.* donativo que se les da a los pobres, a la iglesia o a otra institución

persianas *f. pl.* cubierta para la ventana con tablillas de metal	**sacerdote** *m.* cura
	sobrar(le) tener en exceso
	sombrilla *f.* paraguas
ramo de flores *m.* bouquet de flores	**sopor** *m.* letargo, somnolencia
regazo *m.* falda; donde la madre coloca a un niño cuando lo sostiene	**sudar** transpirar cuando hace calor o se hace ejercicio
	suspirar respirar hondamente

1. La niña puso su cabeza en el _____ de su madre.

2. Cierre las _____ para que no entre el sol por la ventana.

3. Siempre nos _____ comida el Día de Acción de Gracias.

4. Cuando el hombre _____ el gatillo, la pistola disparó con gran ruido.

5. Ese niño no quiere llevar zapatos; prefiere andar _____.

6. El mendigo le pidió una _____ a la mujer rica.

7. Hace mucho sol; te conviene llevar una _____.

8. Se fue la luz y tuvo que buscar una vela _____.

9. Cuando Paco jugó al tenis, _____ mucho.

10. No te puedo ayudar en este momento porque estoy _____ de trabajo.

El tren salió del trepidante corredor de rocas bermejas, penetró en las plantaciones de banano, simétricas e interminables, y el aire se hizo húmedo y no se volvió a sentir la brisa del mar. Una humareda sofocante entró por la ventanilla del vagón. En el estrecho camino paralelo a la vía férrea había carretas de bueyes cargadas de racimos verdes. Al otro lado del camino, en intempestivos espacios sin sembrar, había oficinas con ventiladores eléctricos, campamentos de ladrillos rojos y residencias con sillas y mesitas blancas en las terrazas, entre palmeras y rosales polvorientos. Eran las once de la mañana y aún no había empezado el calor.

—Es mejor que subas vidrio, dijo la mujer. —El pelo se te va a llenar de carbón.

La niña trató de hacerlo pero la persiana estaba bloqueada por óxido.

Eran los únicos pasajeros en el escueto vagón de tercera clase. Como el humo de la locomotora siguió entrando por la ventanilla, la niña abandonó el puesto y puso en su lugar los únicos objetos que llevaban: una bolsa de material plástico con cosas de comer y un ramo de flores envuelto en papel de periódicos. Se sentó en el asiento opuesto, alejada de la ventanilla, de frente a su madre. Ambas guardaban un luto riguroso y pobre.

La niña tenía doce años y era la primera vez que viajaba. La mujer parecía demasiado vieja para ser su madre, a causa de las venas azules en los párpados y del cuerpo pequeño, blando y sin formas, en un traje cortado como una sotana. Viajaba con la columna vertebral firmemente apoyada contra el espaldar del asiento, sosteniendo en el regazo con ambas manos una cartera de charol desconchado. Tenía la serenidad escrupulosa de la gente acostumbrada a la pobreza.

A las doce había empezado el calor. El tren se detuvo diez minutos en una estación sin pueblo para aprovisionarse de agua. Afuera, en el misterioso silencio de las plantaciones, la sombra tenía un aspecto limpio. Pero el aire estancado dentro del vagón olía a cuero sin curtir. El tren no volvió a acelerar. Se detuvo en dos pueblos iguales con casas de madera pintadas de colores vivos. La mujer inclinó la cabeza y se hundió en el sopor. La niña se quitó los zapatos. Después fue a los servicios sanitarios a poner en agua el ramo de flores muertas.

Cuando volvió al asiento la madre la esperaba para comer. Le dio un pedazo de queso, medio bollo de maíz y una galleta dulce, y sacó para ella de la bolsa de material plástico una ración igual. Mientras comían, el tren atravesó muy despacio un puente de hierro y pasó de largo por un pueblo igual a los anteriores, sólo que en éste había una multitud en la plaza. Una banda de músicos tocaban una pieza alegre bajo el sol aplastante. Al otro lado del pueblo, en una llanura cuarteada por la aridez, terminaban las plantaciones.

La mujer dejó de comer.

—Ponte los zapatos, dijo.

La niña miró hacia el exterior. No vio nada más que la llanura desierta por donde el tren empezaba a correr de nuevo, pero metió en la bolsa el último pedazo de galleta y se puso rápidamente los zapatos. La mujer le dio la peineta.

—Péinate, dijo.

El tren empezó a pitar mientras la niña se peinaba. La mujer se secó el sudor del cuello y se limpió la grasa de la cara con los dedos. Cuando la niña acabó de peinarse el tren pasó frente a las primeras casas de un pueblo más grande pero más triste que los anteriores.

—Si tienes ganas de hacer algo, hazlo ahora, dijo la mujer.

—Después, aunque te estés muriendo de sed no tomes agua en ninguna parte. Sobre todo, no vayas a llorar.

La niña aprobó con la cabeza. Por la ventanilla entraba un viento ardiente y seco, mezclado con el pito de la locomotora y el estrépito de los viejos vagones. La mujer enrolló la bolsa con el resto de los alimentos y la metió en la cartera. Por un instante, la imagen total del pueblo, en el luminoso martes de agosto, resplandeció en la ventanilla. La niña envolvió las flores en los periódicos empapados, se apartó un poco más de la ventanilla y miró fijamente a su madre. Ella le devolvió una expresión apacible. El tren acabó de pitar y disminuyó la marcha. Un momento después se detuvo.

No había nadie en la estación. Del otro lado de la calle, en la acera sombreada por los almendros, solo estaba abierto el salón de billar. El pueblo flotaba en el calor. La mujer y la niña descendieron del tren, atravesaron la estación abandonada cuyas baldosas empezaban a cuartearse por la presión de la hierba, y cruzaron la calle hasta la acera de sombra.

Eran casi las dos. A esa hora, agobiado por el sopor, el pueblo hacía la siesta. Los almacenes, las oficinas públicas, la escuela municipal, se cerraban desde las once y no volvían a abrirse hasta un poco antes de las cuatro, cuando pasaba el tren de regreso. Sólo permanecían abiertos el hotel frente a la estación, su cantina y su salón de billar, y la oficina del telégrafo a un lado de la plaza. Las casas, en su mayoría construidas sobre el modelo de la compañía bananera, tenían las puertas cerradas por dentro y las persianas bajas. En algunas hacía tanto calor que sus habitantes almorzaban en el patio. Otros recostaban un asiento a la sombra de los almendros y hacían la siesta sentados en plena calle.

Buscando siempre la protección de los almendros la mujer y la niña penetraron en el pueblo sin perturbar la siesta. Fueron directamente a la casa cural. La mujer raspó con la uña la red metálica de la puerta, esperó un instante y volvió a llamar. En el interior zumbaba un ventilador eléctrico. No se oyeron los pasos. Se oyó apenas el leve crujido de una puerta y en seguida una voz cautelosa muy cerca de la red metálica: "¿Quién es?". La mujer trató de ver a través de la red metálica.

—Necesito al padre, dijo.

—Ahora está durmiendo.

—Es urgente, insistió la mujer.

Su voz tenía una tenacidad reposada.

La puerta se entreabrió sin ruido y apareció una mujer madura y regordeta, de cutis muy pálido y cabellos color de hierro. Los ojos parecían demasiado pequeños detrás de los gruesos cristales de los lentes.

—Sigan, dijo, y acabó de abrir la puerta.

Entraron a una sala impregnada de un viejo olor de flores. La mujer de la casa los condujo hasta un escaño de madera y les hizo señas de que se sentaran. La niña lo hizo, pero su madre permaneció de pie, absorta, con la cartera apretada en las dos manos. No se percibía ningún ruido detrás del ventilador eléctrico.

La mujer de la casa apareció en la puerta del fondo. —Dice que vuelvan después de las tres, dijo en voz muy baja. —Se acostó hace cinco minutos.

—El tren se va a las tres y media, dijo la mujer.

Fue una réplica breve y segura, pero la voz seguía siendo apacible, con muchos matices. La mujer de la casa sonrió por primera vez.

—Bueno, dijo.

Cuando la puerta del fondo volvió a cerrarse la mujer se sentó junto a su hija. La angosta sala de espera era pobre, ordenada y limpia. Al otro lado de una baranda de madera que dividía la habitación, había una mesa de trabajo, sencilla, con un tapete de hule, y encima de la mesa una máquina de escribir primitiva junto a un vaso con flores. Detrás estaban los archivos parroquiales. Se notaba que era un despacho arreglado por una mujer soltera.

La puerta del fondo se abrió y esta vez apareció el sacerdote limpiando los lentes con un pañuelo. Sólo cuando se los puso pareció evidente que era hermano de la mujer que había abierto la puerta.

—¿Qué se le ofrece? —preguntó.

—Las llaves del cementerio, dijo la mujer.

La niña estaba sentada con las flores en el regazo y los pies cruzados bajo el escaño. El sacerdote la miró, después miró a la mujer y después, a través de la red metálica de la ventana, el cielo brillante y sin nubes.

—Con este calor, dijo. —Han podido esperar a que bajara el sol.

La mujer movió la cabeza en silencio. El sacerdote pasó del otro lado de la baranda, extrajo del armario un cuaderno forrado de hule, un plumero de palo y un tintero, y se sentó a la mesa. El pelo que le faltaba en la cabeza le sobraba en las manos.

—¿Qué tumba van a visitar? —preguntó.

—La de Carlos Centeno, dijo la mujer.

—¿Quién?

—Carlos Centeno —repitió la mujer.

El padre siguió sin entender.

—Es el ladrón que mataron aquí la semana pasada, dijo la mujer en el mismo tono. —Yo soy un madre.

El sacerdote la escrutó. Ella lo miró fijamente, con un dominio reposado, y el padre se ruborizó. Bajó la cabeza para escribir. A medida que llenaba la hoja pedía a la mujer los datos de su identidad, y ella respondía sin vacilación, con detalles precisos, como si estuviera leyendo. El padre empezó a sudar. La niña se desabotonó la trabilla del zapato izquierdo, se descalzó el talón y lo apoyó en el contrafuerte. Hizo lo mismo con el derecho.

Todo había empezado el lunes de la semana anterior, a las tres de la madrugada y a pocas cuadras de allí. La señora Rebeca, una viuda solitaria que vivía en una casa llena de cachivaches, sintió a través del rumor de la llovizna que alguien trataba de forzar desde afuera la puerta de la calle. Se levantó, buscó a tientas en el ropero un revólver arcaico que nadie había disparado desde los tiempos del coronel Aureliano Buendía, y fue a la sala sin encender las luces. Orientándose no tanto por el ruido en la cerradura como por un terror desarrollado en ella por 28 años de soledad, localizó en la imaginación no sólo el sitio donde estaba la puerta sino la altura exacta de la cerradura. Agarró el arma con las dos manos, cerró los ojos y apretó el gatillo. Era la primera vez en su vida que disparaba un revólver. Inmediatamente después de la detonación no sintió nada más que el murmullo de la llovizna en el techo de cinc. Después percibió un golpecito metálico en el andén de cemento y una voz muy baja, apacible, pero terriblemente fatigada: "Ay, mi madre". El hombre que amaneció muerto frente a la casa, con la nariz despedazada, vestía una franela a rayas de colores, un pantalón ordinario con una soga en lugar del cinturón, y estaba descalzo. Nadie lo conocía en el pueblo.

—De manera que se llamaba Carlos Centeno, murmuró el padre cuando acabó de escribir.

—Centeno Ayala, dijo la mujer. —Era el único varón.

El sacerdote volvió al armario. Colgadas de un clavo en el interior de la puerta había dos llaves grandes y oxidadas, como la niña imaginaba y como imaginaba la madre cuando era niña y como debió imaginar el propio sacerdote alguna vez que eran las llaves de San Pedro. Las descolgó, las puso en el cuaderno abierto sobre la baranda y mostró con el índice un lugar en la página escrita, mirando a la mujer.

—Firme aquí.

La mujer garabateó su nombre, sosteniendo la cartera bajo la axila. La niña recogió las flores, se dirigió a la baranda arrastrando los zapatos y observó atentamente a su madre.

El párroco suspiró.

—¿Nunca trató de hacerlo entrar por el buen camino?

La mujer contestó cuando acabó de firmar.

—Era un hombre muy bueno.

El sacerdote miró alternativamente a la mujer y a la niña y comprobó con una especie de piadoso estupor que no estaban a punto de llorar. La mujer continuó inalterable:

—Yo le decía que nunca robara nada que le hiciera falta a alguien para comer, y él hacía caso. En cambio, antes, cuando boxeaba, pasaba hasta tres días en la cama postrado por los golpes.

—Se tuvo que sacar todos los dientes, intervino la niña.

—Así es, confirmó la mujer. —Cada bocado que me comía en ese tiempo me sabía a los porrazos que le daban a mi hijo los sábados en la noche.

—La voluntad de Dios es inescrutable, dijo el padre.

Pero lo dijo sin mucha convicción, en parte porque la experiencia lo había vuelto un poco escéptico, y en parte por el calor. Les recomendó que se protegieran la cabeza para evitar la insolación. Les indicó bostezando y ya casi completamente dormido, cómo debían hacer para encontrar la tumba de Carlos Centeno. Al regreso no tenían que tocar. Debían meter la llave por debajo de la puerta, y poner allí mismo, si tenían, una limosna para la Iglesia. La mujer escuchó las explicaciones con mucha atención, pero dio las gracias sin sonreír.

Desde antes de abrir la puerta de la calle el padre se dio cuenta de que había alguien mirando hacia adentro, las narices aplastadas contra la red metálica. Era un grupo de niños. Cuando la puerta se abrió por completo los niños se dispersaron.

A esa hora, de ordinario, no había nadie en la calle. Ahora no sólo estaban los niños. Había grupos bajo los almendros. El padre examinó la calle distorsionada por la reverberación, y entonces comprendió. Suavemente volvió a cerrar la puerta.

—Esperen un minuto, dijo, sin mirar a la mujer.

Su hermana apareció en la puerta de fondo, con una chaqueta negra sobre la camisa de dormir y el cabello suelto en los hombros. Miró al padre en silencio.

—¿Qué fue? —preguntó él.

—La gente se ha dado cuenta, murmuró su hermana.

—Es mejor que salgan por la puerta del patio, dijo el padre.

—Es lo mismo, dijo su hermana. —Todo el mundo está en las ventanas.

La mujer parecía no haber comprendido hasta entonces. Trató de ver la calle a través de la red metálica. Luego le quitó el ramo de flores a la niña y empezó a moverse hacia la puerta. La niña la siguió.

—Esperen a que baje el sol, dijo el padre.

—Se van a derretir, dijo su hermana, inmóvil en el fondo de la sala. —Espérense y les presto una sombrilla.

—Gracias, replicó la mujer. —Así vamos bien.

Tomó a la niña de la mano y salió a la calle.

(Gabriel García Márquez, «La siesta del martes» en «Los funerales de la Mamá Grande». Editorial Sudamericana, Argentina; 1961.)

Actividades de poslectura

A. Con un(a) compañero(a), conteste las siguientes preguntas.

1. ¿Qué quiere decir «subas vidrio» en el segundo párrafo?
2. ¿Cómo se sabe que la mujer y su hija son pobres?
3. ¿Qué significa «pitar»?
4. Dibuje a la mujer que apareció a la puerta de la casa cural. Determine el significado de «regordeta» y «cutis» por el contexto.
5. Exprese en otras palabras o dibuje la siguiente frase: «el pelo que le faltaba en la cabeza le sobraba en las manos».
6. ¿Quién es el «hombre que amaneció muerto . . .»? ¿Por qué lleva «una soga en lugar del cinturón»?
7. Exprese en inglés la siguiente frase: «y mostró con el índice un lugar en la página escrita, mirando a la mujer.» ¿Dónde tenía la cartera la mujer?
8. ¿Qué significa «hacerlo entrar por el buen camino»? ¿Por qué le hace el cura esa pregunta a la madre? ¿Qué responde la madre?
9. Explique esta cita: «Cada bocado que me comía en ese tiempo me sabía a los porrazos que le daban a mi hijo los sábados en la noche.»
10. ¿Qué significa: «Les recomendó que se protegieran la cabeza para evitar la insolación»? ¿Cuál es la de raíz de *insolación*?
11. ¿Qué indica el final de la historia acerca del carácter de la madre?

B. El profesor(a) va a asignar las siguientes actividades a diferentes miembros de la clase. Después de hacer lo que le corresponda, comparta su composición con dos estudiantes que hayan escrito sobre los otros dos temas. Ayúdense a corregir los errores y a mejorar las composiciones antes de entregárselas al (a la) maestro(a).

1. Escriba un diálogo entre la madre y su hijo en la época cuando él boxeaba.

2. Escriba un artículo para el periódico sobre el robo y la muerte del ladrón.
3. Escriba un elogio para Carlos Centeno.

C. Su profesor(a) leerá un reportaje noticioso. Luego de escucharlo, conteste las siguientes preguntas.

1. ¿Qué piden las amas de casa y por qué?
2. ¿Quiénes son los «amantes de lo ajeno»?
3. ¿Quiénes se sienten en más peligro?

El siguiente cuento ilustra la violenta historia de la política de muchos países de Hispanoamérica y el rencor que sintieron muchos a raíz de ella, a mediados del siglo XX.

Un día de éstos

Actividades de prelectura

A. Con un(a) compañero(a), conteste las siguientes preguntas.

1. ¿Le da miedo ir al dentista?
2. ¿Ha tenido alguna vez un absceso en la boca?
3. ¿Cómo se sentiría Ud. si se viera obligado(a) a ir a un dentista que fuera enemigo suyo?
4. ¿Qué haría Ud. si tuviera que darle tratamiento médico a un adversario político que perteneciera a una junta militar?

B. Estudie el siguiente vocabulario y complete las oraciones con la palabra apropiada.

VOCABULARIO

caballete *m.* parte más elevada de un techo

enjuto *adj.* delgado

escupidera *f.* recipiente en que escupes cuando vas al dentista

fresa *f.* herramienta usada por los dentistas

gabinete *m.* laboratorio

gatillo *m.* instrumento para sacar muelas

gaveta *f.* cajón corredizo de una mesa o escritorio

guerrera *f.* chaqueta militar

madrugador *adj.* persona que se levanta temprano

muela *f.* diente posterior

muela cordal *f.* muela llamada del juicio

postiza *adj.* falsa

pulir dar lustre

trapo *m.* pedazo de tela desechado

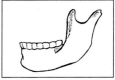
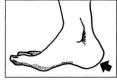

mandíbula *f.*   **talón** *m.*   **umbral** *m.*

1. El sonido de la _____ que usa el dentista me hace sentir ansioso.

2. Tengo que ir al dentista porque tengo un dolor de _____ horroroso.

3. Mi papá se levanta muy temprano; es _____.

4. El actor no es gordo; al contrario, es _____.

5. Guardo mis bolígrafos y papel en la _____ de mi escritorio.

6. Si no quieres usar una dentadura _____, tienes que cuidar tus dientes mucho para no perderlos.

7. Muchas personas tienen problemas con las _____ impactadas y tienen que extraérselas, un procedimiento doloroso.

8. El niño se asustó al ver el _____ que el dentista iba a usar para sacarle la muela.

9. Mi perro siempre estaba a los _____ de las visitas desconocidas.

10. Los pájaros siempre se posan en el _____ de mi casa.

El lunes amaneció tibio y sin lluvia. Don Aurelio Escovar, dentista sin título y buen madrugador, abrió su gabinete a las seis. Sacó de la vidriera una dentadura postiza montada aún en el molde de yeso y puso sobre la mesa un puñado de instrumentos que ordenó de mayor a menor, como en una exposición. Llevaba una camisa a rayas, sin cuello, cerrada arriba con un botón dorado, y los pantalones sostenidos con cargadores elásticos. Era rígido, enjuto, con una mirada que raras veces correspondía a la situación, como la mirada de los sordos.

Cuando tuvo las cosas dispuestas sobre la mesa rodó la fresa hacia el sillón de resortes y se sentó a pulir la dentadura postiza. Parecía no pensar en lo que hacía, pero trabajaba con obstinación, pedaleando en la fresa incluso cuando no se servía de ella.

Después de las ocho hizo una pausa para mirar el cielo por la ventana y vio dos gallinazos pensativos que se secaban al sol en el caballete de la casa vecina. Siguió trabajando con la idea de que antes del almuerzo volvería a llover. La voz destemplada de su hijo de once años lo sacó de su abstracción.

—Papá.

—Qué.

—Dice el alcalde que si le sacas una muela.

—Dile que no estoy aquí.

Estaba puliendo un diente de oro. Lo retiró a la distancia del brazo y lo examinó con los ojos a medio cerrar. En la salita de espera volvió a gritar su hijo.

—Dice que sí estás porque te está oyendo.

El dentista siguió examinando el diente. Sólo cuando lo puso en la mesa con los trabajos terminados, dijo:

—Mejor.

Volvió a operar la fresa. De una cajita de cartón donde guardaba las cosas por hacer, sacó un puente de varias piezas y empezó a pulir el oro.

—Papá.

—Qué.

Aún no había cambiado de expresión.

—Dice que si no le sacas la muela, te pega un tiro.

Sin apresurarse, con un movimiento extremadamente tranquilo, dejó de pedalear en la fresa, la retiró del sillón y abrió por completo la gaveta inferior de la mesa. Allí estaba el revólver.

—Bueno —dijo—. Dile que venga a pegármelo.

Hizo girar el sillón hasta quedar de frente a la puerta, la mano apoyada en el borde de la gaveta. El alcalde apareció en el umbral. Se había afeitado la mejilla izquierda, pero en la otra, hinchada y dolorida, tenía una barba de cinco días. El dentista vio en sus ojos marchitos muchas noches de desesperación. Cerró la gaveta con la punta de los dedos y dijo suavemente:

—Siéntese.

—Buenos días —dijo el alcalde.

—Buenos —dijo el dentista.

Mientras hervían los instrumentos, el alcalde apoyó el cráneo en el cabezal de la silla y se sintió mejor. Respiraba un olor glacial. Era un gabinete pobre: una vieja silla de madera, la fresa de pedal y una vidriera con pomos de loza. Frente a la silla, una ventana con un cancel de tela hasta la altura de un hombre. Cuando sintió que el dentista se acercaba, el alcalde afirmó los talones y abrió la boca.

Don Aurelio Escovar le movió la cara hacia la luz. Después de observar la muela dañada, ajustó la mandíbula con una cautelosa presión de los dedos.

—Tiene que ser sin anestesia —dijo.

—¿Por qué?

—Porque tiene un absceso.

El alcalde lo miró en los ojos.

—Está bien —dijo, y trató de sonreír. El dentista no le correspondió. Llevó a la mesa de trabajo la cacerola con los instrumentos hervidos y los sacó del agua con unas pinzas frías, todavía sin apresurarse. Después rodó la escupidera con la punta del zapato y fue a lavarse las manos en el aguamanil. Hizo todo sin mirar al alcalde. Pero el alcalde no lo perdió de vista.

Era una cordal inferior. El dentista abrió las piernas y apretó la muela con el gatillo caliente. El alcalde se aferró a las barras de la silla, descargó toda su fuerza en los pies y sintió un vacío helado en los riñones, pero no soltó un suspiro. El dentista sólo movió la muñeca. Sin rencor, más bien con una amarga ternura, dijo:

—Aquí nos paga veinte muertos, teniente.

El alcalde sintió un crujido de huesos en la mandíbula y sus ojos se llenaron de lágrimas. Pero no suspiró hasta que no sintió salir la muela. Entonces la vio a través de las lágrimas. Le pareció tan extraña a su dolor, que no pudo entender la tortura de sus cinco noches anteriores. Inclinado sobre la escupidera, sudoroso, jadeante, se desabotonó la guerrera y buscó a tientas el pañuelo en el bolsillo del pantalón. El dentista le dio un trapo limpio.

—Séquese las lágrimas —dijo.

El alcalde lo hizo. Estaba temblando. Mientras el dentista se lavaba las manos, vio el cielorraso desfondado y una telaraña polvorienta con huevos de araña e insectos muertos. El dentista regresó secándose las manos. «Acuéstese—dijo— y haga buches de agua de sal.» El alcalde se puso de pie, se despidió con un displicente saludo militar, y se dirigió a la puerta estirando las piernas, sin abotonarse la guerrera.

—Me pasa la cuenta —dijo.

—¿A usted o al municipio?

El alcalde no lo miró. Cerró la puerta, y dijo, a través de la red metálica.

—Es la misma vaina.

(Gabriel García Márquez, «Un día de éstos» en «Los funerales de la Mamá Grande». Editorial Sudamericana, Argentina; 1961.)

Actividades de poslectura

A. Con un(a) compañero(a), conteste las siguientes preguntas.

1. ¿Qué impresión se tiene de la personalidad del dentista después de leer la primera página?
2. ¿Qué piensa el dentista cuando el alcalde entra?
3. Dibuje la escena del párrafo que comienza: «Era una cordal inferior.» Luego dibuje la escena del próximo párrafo.
4. ¿Qué significa «se desabotonó la guerrera»?
5. ¿Qué importancia tiene la «telaraña polvorienta con huevos de araña e insectos muertos»?
6. ¿Qué implica la última oración del cuento?

B. Escoja una de las siguientes actividades de escritura.

1. Imagine y escriba un diálogo entre el dentista y su hijo después de salir el alcalde.
2. Escriba un final diferente para el cuento, a partir del momento en que se ven cara a cara el dentista y el alcalde.

Capítulo 10

El colombiano Hernando Téllez (1908) fue periodista, político y diplomático. Aunque escribió principalmente ensayos, escribió varios cuentos, entre los cuales, «Espuma y nada más», que aparece en la antología «Cenizas para el viento y otras historias», publicada en 1950.

Espuma y nada más

Actividades de prelectura

A. Con un(a) compañero(a), conteste las siguientes preguntas.

1. ¿Qué artículos usa un barbero para afeitar a un cliente? Describa cómo lo afeita. ¿Por qué tiene que tener cuidado el barbero?
2. En las dictaduras o durante guerras civiles, ¿qué hacen con los adversarios políticos que son capturados?
3. ¿Para qué sirve la venganza?
4. Lea las primeras oraciones del cuento y describa la actitud del barbero hacia su cliente.

B. Estudie el siguiente vocabulario y complete las oraciones con la palabra apropiada.

VOCABULARIO

arroyo *m.*   río pequeño

aturdido *adj.*   desconcertado

badana *f.*   piel curtida de oveja, usada para afilar navajas

brotar   salir

dar con   encontrar

degollar   cortar la garganta

disimular   fingir desconocimiento

empapado *adj.*   mojado

emprender   comenzar una obra o acción

escarmentar   aprender una lección, ser advertido

esmero *m.*   sumo cuidado

espuma *f.*   burbujas en la superficie de los líquidos; crema para afeitarse

hoja *f.*   laminilla delgada de acero que sirve para afeitar

navaja *f.*   cuchillo (de barbero)

nuca *f.*   parte superior del cuello

oficio *m.* trabajo, profesión

palpar tocar

pulcritud *f.* perfección, mucho cuidado

reanudar renovar trabajo

repasar volver a pasar por un sitio

ropero *m.* armario en que se guarda ropa

vengador *m.* el que toma venganza

verdugo *m.* funcionario de justicia que ejecuta la pena de muerte

OTRAS PALABRAS

brocha *f.*

cinturón ribeteado de balas *m.*

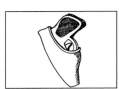

funda de la pistola *f.*

kepis *m.*

nudo *m.*

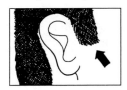

patilla *f.*

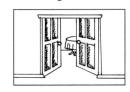

umbral *m.*

1. La compañía Gillette fabrica _____ de afeitar desde hace mucho tiempo.

2. El policía guardó la pistola en la _____.

3. Me fascina ver la _____ del mar producida por las olas.

4. Después de una búsqueda de una semana, los militares _____ los guerrilleros en las montañas.

5. El trabajo del _____ ha de ser muy difícil, ya que tiene que ejecutar a los criminales.

6. Elvis Presley tenía _____ muy largas, lo que luego se vio con frecuencia en los cortes de pelo de los jóvenes.

7. Las flores _____ de la tierra en la primavera.

8. La modelo se viste con _____ porque quiere conservar su imagen.

9. El artista pintó la escena con _____ para que se incluyeran todos los detalles y matices.

10. El niño no sabe hacerse el _____ de la corbata.

11. Después de un pequeño descanso, todos _____ su trabajo.

12. Se _____ la cara para ver si se había cortado mientras se afeitaba.

13. Me desconcertó la noticia del accidente y me sentía muy _____ después.

14. Después de jugar al tenis, estaba _____ de sudor.

15. Los españoles exhibieron la cabeza decapitada del Padre Hidalgo para que el pueblo _____.

No saludó al entrar. Yo estaba repasando sobre una badana la mejor de mis navajas. Y cuando lo reconocí me puse a temblar. Pero él no se dio cuenta. Para disimular continué repasando la hoja. La probé luego sobre la yema del dedo gordo y volví a mirarla contra la luz. En ese instante se quitaba el cinturón ribeteado de balas de donde pendía la funda de la pistola. Lo colgó de uno de los clavos del ropero y encima colocó el kepis. Volvió completamente el cuerpo para hablarme y, deshaciendo el nudo de la corbata, me dijo: «Hace un calor de todos los demonios. Aféiteme». Y se sentó en la silla. Le calculé cuatro días de barba. Los cuatro días de la última excursión en busca de los nuestros. El rostro aparecía quemado, curtido por el sol. Me puse a preparar minuciosamente el jabón. Corté unas rebanadas de la pasta, dejándolas caer en el recipiente, mezclé un poco de agua tibia y con la brocha empecé a revolver. Pronto subió la espuma. «Los muchachos de la tropa deben tener tanta barba como yo.» Seguí batiendo la espuma. «Pero nos fue bien, ¿sabe? Pescamos a los principales. Unos vienen muertos y otros todavía viven. Pero pronto estarán todos muertos». «¿Cuántos cogieron?» pregunté. «Catorce. Tuvimos que internarnos bastante para dar con ellos. Pero ya la están pagando. Y no se salvará ni uno, ni uno.» Se echó para atrás en la silla al verme con la brocha en la mano, rebosante de espuma. Faltaba ponerle la sábana. Ciertamente yo estaba aturdido. Extraje del cajón una sábana y la anudé al cuello de mi cliente. Él no cesaba de hablar. Suponía que yo era uno de los partidarios del orden. «El pueblo habrá escarmentado con lo del otro día», dijo. «Sí», repuse mientras concluía de hacer el nudo sobre la oscura nuca, olorosa a sudor. «Estuvo bueno, ¿verdad?» «Muy bueno», contesté mientras regresaba a la brocha. El hombre cerró los ojos con un gesto de fatiga y esperó así la fresca caricia del jabón. Jamás lo había tenido tan cerca de mí. El día en que ordenó que el pueblo desfilara por el patio de la Escuela para ver a los cuatro rebeldes allí colgados, me crucé con él un instante. Pero el espectáculo de los cuerpos mutilados me impedía fijarme en el rostro del hombre que lo dirigía todo y que ahora iba a tomar en mis manos. No era un rostro desagradable, ciertamente. Y la barba, envejeciéndolo un poco, no le caía mal. Se llamaba Torres. El capitán Torres. Un hombre con imaginación, porque ¿a quién se le había ocurrido antes colgar a los rebeldes desnudos y luego ensayar sobre determinados sitios del cuerpo una mutilación a bala? Empecé a extender la primera capa de jabón. Él seguía con los ojos cerrados. «De buena gana me iría a dormir un poco», dijo, «pero esta tarde hay mucho que hacer.» Retiré la brocha y pregunté con aire falsamente desinteresado: «¿Fusilamiento?» «Algo por el estilo, pero más lento», respondió. «¿Todos?» «No. Unos cuantos apenas.» Reanudé de nuevo la tarea de enjabonarle la barba. Otra vez me temblaban las manos. El hombre no podía darse cuenta de ello y ésa era mi ventaja. Pero yo hubiera querido que él no viniera. Probablemente muchos de los nuestros lo habrían visto entrar. Y el enemigo en la casa impone condiciones. Yo tendría que afeitar esa barba como cualquiera otra, con cuidado, con esmero, como la de un buen parroquiano, cuidando de que ni por un solo poro fuese a brotar una gota de sangre. Cuidando de que la piel quedara limpia, templada, pulida, y de que al pasar el dorso de mi mano por ella, sintiera la superficie sin un pelo. Sí. Yo era un revolucionario clandestino, pero era también un barbero de conciencia, orgulloso de la pulcritud en su oficio. Y esa barba de cuatro días se prestaba para una buena faena.

Tomé la navaja, levanté en ángulo oblicuo las dos cachas, dejé libre la hoja y empecé la tarea, de una de las patillas hacia abajo. La hoja respondía a la perfección. El pelo se presentaba indócil y duro, no muy crecido, pero compacto. La piel iba apareciendo poco a poco. Sonaba la hoja con su ruido característico, y sobre ella crecían los grumos de jabón mezclados con trocitos de pelo. Hice una pausa para limpiarla, tomé la badana de nuevo y me puse a asentar el acero, porque yo soy un barbero que hace bien sus cosas. El hombre que había mantenido los ojos cerrados, los abrió, sacó una de las manos por encima de la sábana, se palpó la zona del rostro que empezaba a quedar libre de jabón, y me dijo: «Venga usted a las seis, esta tarde, a la Escuela.» «¿Lo mismo del otro día?» le pregunté horrorizado. «Puede que resulte mejor», respondió. «Qué piensa usted hacer?» «No sé todavía. Pero nos divertiremos.» Otra vez se echó hacia atrás y cerró los ojos. Yo me acerqué con la navaja en alto. «¿Piensa castigarlos a todos?» aventuré tímidamente. «A todos». El jabón se secaba sobre la cara. Debía apresurarme. Por el espejo, miré hacia la calle. Lo mismo de siempre: la tienda de víveres y en ella dos o tres compradores. Luego miré el reloj: las dos y veinte de la tarde. La navaja seguía descendiendo. Ahora de la otra patilla hacia abajo. Una barba azul, cerrada. Debía dejársela crecer como algunos poetas o como algunos sacerdotes. Le quedaría bien. Muchos no lo reconocerían. Y mejor para él, pensé, mientras trataba de pulir suavemente todo el sector del cuello. Porque allí sí que debía manejar con habilidad la hoja, pues el pelo, aunque en agraz, se enredaba en pequeños remolinos. Una barba crespa. Los poros podían abrirse, diminutos, y soltar su perla de sangre. Un buen barbero como yo finca su orgullo en que eso no ocurra a ningún cliente. Y éste era un cliente de calidad. ¿A cuántos de los nuestros había ordenado que los mutilaran? . . .

Mejor no pensarlo. Torres no sabía que yo era su enemigo. No sabía él ni lo sabían los demás. Se trataba de un secreto entre muy pocos, precisamente para que yo pudiese informar a los revolucionarios de lo que Torres estaba haciendo en el pueblo y de lo que proyectaba hacer cada vez que emprendía una excursión para cazar revolucionarios. Iba a ser, pues, muy difícil explicar que yo lo tuve entre mis manos y lo dejé ir tranquilamente, vivo y afeitado.

La barba le había desaparecido casi completamente. Parecía más joven, con menos años de los que llevaba a cuestas cuando entró. Yo supongo que eso ocurre siempre con los hombres que entran y salen de las peluquerías. Bajo el golpe de mi navaja Torres rejuvenecía, sí, porque yo soy un buen barbero, el mejor de este pueblo, lo digo sin vanidad. Un poco más de jabón, aquí, bajo la barbilla, sobre la manzana, sobre esta gran vena. ¡Qué calor! Torres debe estar sudando como yo. Pero él no tiene miedo. Es un hombre sereno que ni siquiera piensa en lo que ha de hacer esta tarde con los prisioneros. En cambio yo, con esta navaja entre las manos, puliendo y puliendo esta piel, evitando que brote sangre de estos poros, cuidando todo golpe, no puedo pensar serenamente. Maldita la hora en que vino, porque yo soy un revolucionario pero no soy un asesino. Y tan fácil como resultaría matarlo. Y lo merece. ¿Lo merece? No, ¡qué diablos! Nadie merece que los demás hagan el sacrificio de convertirse en asesinos. ¿Qué se gana con ello? Pues nada. Vienen otros y otros y los primeros matan a los segundos y éstos a los terceros y siguen y siguen hasta que todo es un mar de sangre. Yo podría cortar este cuello, así, ¡zas! No le daría tiempo de quejarse y como tiene los ojos cerrados no vería ni el brillo de la navaja ni el brillo de mis ojos. Pero estoy temblando como un verdadero asesino. De ese cuello brotaría un chorro de sangre sobre la sábana, sobre la silla, sobre mis manos, sobre el suelo. Tendría que cerrar la puerta. Y la sangre seguiría corriendo por el piso, tibia, imborrable, incontenible, hasta la calle, como un pequeño arroyo escarlata. Estoy seguro de que un golpe fuerte, una honda incisión, le evitaría todo dolor. No sufriría. ¿Y qué hacer con el cuerpo? ¿Dónde ocultarlo? Yo tendría que huir, dejar estas cosas, refugiarme lejos, bien lejos. Pero me perseguirían hasta dar conmigo. «El asesino del Capitán Torres. Lo degolló mientras le afeitaba la barba. Una cobardía.» Y por otro lado: «El vengador de los nuestros. Un hombre para recordar (aquí mi nombre). Era el barbero del pueblo. Nadie sabía que él defendía nuestra causa . . . » ¿Y qué? ¿Asesino o héroe? Del filo de esta navaja depende mi destino. Puedo inclinar un poco más la mano, apoyar un poco más la hoja, y hundirla. La piel cederá como la seda, como el caucho, como la badana. No hay nada más tierno que la piel del hombre y la sangre siempre está ahí, lista a brotar. Una navaja como ésta no traiciona. Es la mejor de mis navajas. Pero yo no quiero ser un asesino, no señor. Usted vino para que yo lo afeitara. Y yo cumplo honradamente con mi trabajo . . . No quiero mancharme de sangre. De espuma y nada más. Usted es un verdugo y yo no soy más que un barbero. Y cada cual en su puesto. Eso es. Cada cual en su puesto.

La barba había quedado limpia, pulida y templada. El hombre se incorporó para mirarse en el espejo. Se pasó las manos por la piel y la sintió fresca y nuevecita.

«Gracias», dijo. Se dirigió al ropero en busca del cinturón, de la pistola y del kepis. Yo debía estar muy pálido y sentía la camisa empapada. Torres concluyó de ajustar la hebilla, rectificó la posición de la pistola en la funda y, luego de alisarse maquinalmente los cabellos, se puso el kepis. Del bolsillo del pantalón extrajo unas monedas para pagarme el importe del servicio. Y empezó a caminar hacia la puerta. En el umbral se detuvo un segundo y volviéndose me dijo: «Me habían dicho que usted me mataría. Vine para comprobarlo. Pero matar no es fácil. Yo sé por qué se lo digo». Y siguió calle abajo.

(Hernando Téllez, «Espuma y nada más» en «Cenizas para el viento y otras historias», 1950.)

Actividades de poslectura

A. Con un(a) compañero(a), conteste las siguientes preguntas.

1. Haga una serie de dibujos basados en el primer párrafo del cuento.
2. ¿Qué significa «pescamos a los principales»?
3. ¿Qué clase de persona es el capitán Torres? Apoyen su caracterización con ejemplos del cuento.
4. ¿Cuál es la actitud del barbero hacia su oficio?
5. ¿Cuánto tiempo transcurrió en el cuento?
6. ¿Por qué no mató el barbero al capitán?
7. ¿De qué no quiere mancharse el barbero? ¿Por qué se titula el cuento «De espuma y nada más»?

8. ¿Qué significa «cada cual en su puesto»?
9. ¿Cuál es la sorpresa al final del cuento?

B. Escoja una de las siguientes actividades de escritura.

1. Investigue la historia de la «violencia colombiana» y describa el efecto que ha tenido en los cuentos de Márquez y Téllez.
2. Compare la trama de «Un día de estos» y de «Espuma y nada más». ¿Qué cuento le impresiona más y por qué?
3. Escoja una figura histórica con quien se pueda comparar al capitán Torres y escriba sobre las semejanzas en su vida y su actitud.

C. Su profesor(a) leerá un diálogo imaginario entre el barbero de «Espuma y nada más» y el dentista de «Un día de éstos». Luego de escucharlo, conteste las siguientes preguntas.

1. ¿Cómo contrastan los sentimientos del barbero y del dentista cuando se enfrentan a sus respectivos adversarios?
2. ¿Qué no puede aguantar más el dentista?
3. ¿Quiénes son los únicos que se benefician con el poder, según el barbero?
4. ¿Qué actitud tienen los gobernantes y militares, según el dentista?
5. ¿Por qué no aprovecharon la oportunidad de hacerles daño al coronel y al alcalde?

Capítulo 11

Juan Rulfo (1918–1986) nació en Jalisco, México y quedó huérfano a muy temprana edad. Su novela más famosa es «Pedro Páramo», publicada en 1956. Fue un escritor fatalista y lacónico que escribió de la vida de los campesinos mexicanos. El siguiente cuento viene de la antología «El llano en llamas», publicada en 1953.

No oyes ladrar los perros

Actividades de prelectura

A. Con un(a) compañero(a), conteste las siguientes preguntas.

1. A mediados del siglo XX, muchos de los mexicanos que vivían en el campo no tenían autos. ¿Qué tenían que hacer cuando necesitaban tratamiento médico?
2. ¿Qué haría Ud. si su hijo(a) fuera un(a) criminal?
3. ¿Cuándo se dice: «que en paz descanse»?
4. ¿Quién suele estar más dispuesto a perdonar a los hijos que se portan mal, la madre o el padre?

B. Estudie el siguiente vocabulario y complete las oraciones con la palabra apropiada.

VOCABULARIO

a como dé lugar de cualquier manera

a estas alturas a este punto

a tropezones con dificultad

acera *f.* orilla de la calle por donde caminan los peatones

agacharse bajarse, doblarse hacia el suelo

aguantarse soportar

apear bajar (por ejemplo, de un caballo)

arroyo *m.* río pequeño

cabello *m.* pelo

corva *f.* parte de la pierna opuesta a la rodilla, por donde se dobla

criar cuidar y educar a los hijos

derrengarse romperse la espalda

descoyuntar desencajar los huesos de su lugar

difunto *m.* muerto

enderezarse   ponerse derecho

flojo *adj.*   con poca actividad o vigor

ladrar   hacer sonidos el perro

malos pasos   actividades criminales

mojado *f.*   humedecido con un líquido

orilla *f.*   límite de la tierra que la separa del agua del mar o de un río

paredón *m.*   pared donde se fusila a los prisioneros

pescuezo *m.*   cuello

pretil *m.*   muro bajo al lado de una acera

rabioso *adj.*   enojado

rastro *m.*   huella

reconvenir   regañar

recostarse   reclinar la parte superior del cuerpo, apoyarse contra algo

recular   retroceder

reponerse   recobrar fuerzas

sacudida *f.*   acción de moverse violentamente

soltar   desatar, dejar libre

sollozar   llorar fuertemente

sombra *f.*   imagen oscura proyectada por un cuerpo al interceptar los rayos del sol

sonaja *f.*   instrumento musical parecido a los cascabeles

sordo *adj.*   incapaz de oír

sostén *m.*   apoyo moral, protección

sudor *m.*   líquido que sale por los poros de la piel

tambalearse   moverse, como que se va a caer

tejado *m.*   techo

OTRAS PALABRAS

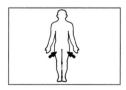

ijar *m.*

1. Me encanta caminar descalzo por la _____ del mar.

2. El jinete _____ del caballo.

3. A veces los perros pequeños _____ más que los grandes.

4. El borracho caminaba _____.

5. La niña _____ sin cesar cuando se le murió su perrito.

6. Goya se amargó mucho al quedar _____; se desesperaba porque no oía casi nada.

7. Hoy día, con tanta violencia y las tentaciones de la vida moderna, es difícil _____ a los niños.

8. Ese champú es muy bueno para el _____.

9. Quería darle el pésame a la madre de la _____.

10. El borracho _____ al caminar; creía que se iba a caer.

11. En un día caliente, es un alivio descansar a la _____ de un árbol.

12. El ladrón se escapó sin dejar ningún _____.

13. Me gusta _____ a mi perro cuando vamos a hacer una caminata en el campo, y a él le encanta su libertad.

14. Conviene caminar por la _____ en lugar de la calle.

15. Cada madre espera que su hijo sea su _____ en la vejez, cuando se imagina indefensa.

En el camino

Tú que vas allá arriba, Ignacio, dime si no oyes alguna señal de algo o si ves alguna luz en alguna parte.

—No se ve nada.

—Ya debemos estar cerca.

—Sí, pero no se oye nada.

—Mira. Bien.

—No se ve nada.

—Pobre de ti, Ignacio.

La sombra larga y negra de los hombres siguió moviéndose de arriba abajo, trepándose a las piedras, disminuyendo y creciendo según avanzaba por la orilla del arroyo. Era una sola sombra, tambaleante.

La luna venía saliendo de la tierra, como una llamada redonda.

—Ya debemos estar llegando a ese pueblo, Ignacio. Tú que llevas las orejas de fuera, fíjate a ver si no oyes ladrar los perros. Acuérdate que nos dijeron que Tonaya estaba detrasito del monte. Y desde qué hemos dejado el monte. Acuérdate, Ignacio.

—Sí, pero no veo rastro de nada.

—Me estoy cansando.

—Bájame.

El viejo se fue reculando hasta encontrarse con el paredón y se recargó allí, sin soltar la carga de sus hombros. Aunque se le doblaban las piernas, no quería sentarse, porque después no hubiera podido levantar el cuerpo de su hijo, al que allá atrás, horas antes, le habían ayudado a echárselo a la espalda. Y así lo había traído desde entonces.

—¿Cómo te sientes?

—Mal.

Hablaba poco. Cada vez menos. En ratos parecía dormir. En ratos parecía tener frío. Temblaba. Sabía cuándo le agarraba a su hijo el temblor por las sacudidas que le daba, y porque los pies se le encajaban en los ijares como espuelas. Luego las manos del hijo, que traía trabadas en su pescuezo, le zarandeaban la cabeza como si fuera una sonaja.

Él apretaba los dientes para no morderse la lengua y cuando acababa aquello le preguntaba:

—¿Te duele mucho?

—Algo —contestaba él.

Primero le había dicho: «Apéame aquí . . . Déjame aquí . . . Vete tú solo. Yo te alcanzaré mañana o en cuando me reponga un poco». Se lo había dicho como cincuenta veces. Ahora ni siquiera eso decía.

Allí estaba la luna. Enfrente de ellos. Una luna grande y colorada que les llenaba de luz los ojos y que estiraba y oscurecía más su sombra sobre la tierra.

—No veo ya por dónde voy — decía él.

Pero nadie le contestaba.

El otro iba allá arriba, todo iluminado por la luna, con su cara descolorida, sin sangre, reflejando una luz opaca. Y él acá abajo.

—¿Me oíste, Ignacio? Te digo que no veo bien.

Y el otro se quedaba callado.

—Este no es ningún camino. Nos dijeron que detrás del cerro estaba Tonaya. Ya hemos pasado el cerro. Y Tonaya no se ve, ni se oye ningún ruido que nos diga que está cerca. ¿Por qué no quieres decirme qué ves, tú que vas allá arriba, Ignacio?

—Bájame, padre.

—¿Te sientes mal?

—Sí.

—Te llevaré a Tonaya a como dé lugar. Allí encontraré quien te cuide. Dicen que allí hay un doctor. Yo te llevaré con él. Te he traído cargando desde hace horas y no te dejaré tirado aquí para que acaben contigo quienes sean.

Se tambaleó un poco. Dio dos o tres pasos de lado y volvió a enderezarse.

—Te llevaré a Tonaya.

—Bájame.

Su voz se hizo quedita, apenas murmurada:

—Quiero acostarme un rato.

—Duérmete allí arriba. Al cabo te llevo bien agarrado.

La luna iba subiendo, casi azul, sobre un cielo claro. La cara del viejo, mojada en sudor, se llenó de luz. Escondió los ojos para no mirar de frente, ya que no podía agachar la cabeza agarrotada entre las manos de su hijo.

Los pecados del hijo

—Todo esto que hago, no lo hago por usted. Lo hago por su difunta madre. Porque usted fue su hijo. Por eso lo hago. Ella me reconvendría si yo lo hubiera dejado tirado allí, donde lo encontré, y no lo hubiera recogido para llevarlo a que lo curen, como estoy haciéndolo. Es ella la que me da ánimos, no usted. Comenzando porque a usted no le debo más que puras dificultades, puras mortificaciones, puras vergüenzas.

Sudaba al hablar. Pero el viento de la noche le secaba el sudor. Y sobre el sudor seco, volvía a sudar.

—Me derrengaré, pero llegaré con usted a Tonaya, para que le alivien esas heridas que le han hecho. Y estoy seguro de que, en cuanto se sienta usted bien, volverá a sus malos pasos. Eso ya no me importa. Con tal que se vaya lejos, donde yo no vuelva a saber de usted. Con tal de eso . . . Porque para mí usted ya no es mi hijo. He maldecido la sangre que usted tiene de mí. La parte que a mí me toca la he maldecido. He dicho: «¡Que se le pudra en los riñones la sangre que yo le di!» Lo dije desde que supe que usted andaba trajinando por los caminos, viviendo del robo y matando gente . . . Y gente buena. Y si no, allí mi compadre Tranquilino. El que lo bautizó a usted. El que le dio su nombre. A él también le tocó la mala suerte de encontrarse con usted. Desde entonces dije: «Ese no puedo ser mi hijo».

—Mira a ver si ya ves algo. O si oyes algo. Tú que puedes hacerlo desde allá arriba, porque yo me siento sordo.

—No veo nada.

—Peor para ti, Ignacio.

—Tengo sed.

—¡Aguántate! Ya debemos estar cerca. Lo que pasa es que ya es muy noche y han de haber apagado la luz en el pueblo. Pero al menos debías de oír si ladran los perros. Haz por oír.

—Dame agua.

—Aquí no hay agua. No hay más que piedras. Aguántate. Y aunque la hubiera, no te bajaría a tomar agua. Nadie me ayudaría a subirte otra vez y yo solo no puedo.

—Me acuerdo cuando naciste. Así eras entonces. Despertabas con hambre y comías para volver a dormirte. Y tu madre te daba agua, porque ya te habías acabado la leche de ella. No tenías llenadero. Y eras muy rabioso. Nunca pensé que con el tiempo se te fuera a subir aquella rabia a la cabeza . . . Pero así fue. Tu madre, que descanse en paz, quería que te criaras fuerte. Creía que cuando te crecieras irías a ser su sostén. No te tuvo más que a ti. El otro hijo que iba a tener la mató. Y tú la hubieras matado otra vez si ella estuviera viva a estas alturas.

Sintió que el hombre aquel que llevaba sobre sus hombros dejó de apretar las rodillas y comenzó a soltar los pies, balanceándolos de un lado para otro. Y le pareció que la cabeza, allá arriba, se sacudía como si sollozara.

Sobre su cabello sintió que caían gruesas gotas, como de lágrimas.

—¿Lloras, Ignacio? Lo hace llorar a usted el recuerdo de su madre, ¿verdad? Pero nunca hizo usted nada por ella. Nos pagó siempre mal. Parece que, en lugar de cariño, le hubiéramos retacado el cuerpo de maldad. ¿Y ya ve? Ahora lo han herido. ¿Qué pasó con sus amigos? Los mataron a todos. Pero ellos no tenían a nadie. Ellos bien hubieran podido decir: «No tenemos a quien darle nuestra lástima». ¿Pero usted, Ignacio?

La llegada al pueblo

Allí estaba ya el pueblo. Vio brillar los tejados bajo la luz de la luna. Tuvo la impresión de que lo aplastaba el peso de su hijo al sentir que las corvas se le doblaban en el último esfuerzo. Al llegar al primer tejabán se recostó sobre el pretil de la acera y soltó el cuerpo, flojo, como si lo hubieran descoyuntado.

Destrabó difícilmente los dedos con que su hijo había venido sosteniéndose de su cuello y, al quedar libre, oyó cómo por todas partes ladraban perros.

—¿Y tú no los oías, Ignacio? —dijo. No me ayudaste ni siquiera con esta esperanza.

(Juan Rulfo, «No oyes ladrar los perros» en «El llano en llamas». Fondo de Cultura Económica; México, D.F.; 1950.)

Actividades de poslectura

A. En parejas, respondan a las siguientes preguntas.

1. Dibujen la escena descrita en el primer párrafo del cuento.
2. ¿Qué importancia tiene el oír ladrar los perros?

3. ¿Por qué quiere llevar a Tonaya el padre a su hijo?
4. Al principio el padre tutea a Ignacio, pero a mediados del cuento le habla «de usted». ¿Por qué?
5. ¿Qué mueve al padre a llevar a su hijo al médico?
6. ¿Qué había esperado la madre que fuera Ignacio cuando creciera?
7. ¿Qué implica el padre al decir que mataron a todos los amigos de Ignacio y al preguntarle: «¿Pero usted, Ignacio?»
8. Al final, al soltar el cuerpo de Ignacio, el padre «oyó cómo por todas partes ladraban perros». ¿Por qué no los había oído Ignacio?
9. ¿Qué reflejan las últimas palabras del cuento?

B. Escoja una de las siguientes actividades de escritura.

1. Compare la actitud del padre hacia su hijo Ignacio con la actitud de la madre hacia su hijo Carlos en «La siesta del martes». Explique las diferencias y semejanzas.
2. Imagine y escriba un diálogo entre la madre y el niño Ignacio antes de la muerte de ella.

Capítulo 12

El argentino Manuel Rojas (1896–1973) vivió la mayoría de su vida en Chile. Trabajó de obrero, marinero, pintor de casas, periodista y profesor de literatura. Su estilo es realista y sus temas incluyen cuestiones sociales y psicológicas. Su obra maestra, «Hijo de ladrón», destaca la dignidad del hombre común a pesar de su estado económico. El cuento que sigue también refleja ese punto de vista.

El vaso de leche

Actividades de prelectura

A. Con un(a) compañero(a), conteste las siguientes preguntas.

1. Haga una lista de palabras asociadas con el mar y los puertos. ¿Qué emociones asocian con el mar?
2. ¿Por qué muchos jóvenes se sienten atraídos a la vida de los marineros?
3. ¿Qué hacen con las personas que se embarcan sin pagar el pasaje?
4. ¿En quién piensa uno cuando tiene hambre o está enfermo?
5. ¿Qué puede uno hacer cuando tiene hambre pero no tiene dinero?
6. Mencione algunos cuentos en que se ilustre el tema del hambre.

B. Estudie el siguiente vocabulario y complete las oraciones con la palabra apropiada.

VOCABULARIO

acechar   espiar; seguir

adelanto *m.*   dinero pagado antes de empezarse un trabajo

agotado *adj.*   exhausto, muy cansado

ambular   andar de un lugar a otro sin asentarse

apresurar el paso   caminar más rápido

atorrante *m.*   vagabundo

caldera *f.*   tanque en que el agua hirviente se convierte en vapor y éste en energía

capataz *m.*   jefe de un grupo de obreros

cargador *m.*   obrero que transporta mercancías a un barco

centollas *f. pl.*   especie de cangrejo

delito *m.*   crimen

desperdicios *m. pl.*   basura

disimular   encubrir, ocultar la intención

embarcarse   abordar un barco o avión

entrañas *f. pl.*   órganos internos, como el estómago y los intestinos

envoltorio *m.*   paquete

erguirse   levantarse

escupir   arrojar por la boca

faena *f.*   trabajo, labor

fardo *m.*   paquete

grosería *f.*   mala palabra

guiso *m.*   carne, pollo o pescado cocido en salsa

harapos *m. pl.*   ropa vieja y rota

jornada *f.*   día de trabajo

llanto *m.*   acción de llorar

mendigar   pedir comida o dinero

muelle *m.*   andén donde entran y de donde salen los barcos

ocultamente   a escondidas, secretamente

oficio *m.*   ocupación

prófugo *m.*   fugitivo

rostro *m.*   cara

sobras *f. pl.*   lo que no se ha consumido al final de una comida

sollozar   llorar fuertemente, con sentimiento

tenderse   acostarse, echarse

tibio *m.*   templado, entre caliente y frío

trigo *m.*   planta con la cual se produce harina

vapor *m.*   barco que se mueve con la energía del vapor

zarpar   comenzar a navegar; salir

OTRAS PALABRAS

barandilla *f.*

1. La señora no tenía ganas de bailar porque estaba _____ después de un largo día de trabajo.

2. Ayer el barco _____ del muelle temprano por la mañana.

3. Cuando la mujer perdió su anillo de matrimonio se puso muy triste y _____ mucho.

4. Muchas personas sin hogar tienen que _____ para conseguir comida.

5. La Cenicienta es el famoso personaje del cuento de hadas que vestía _____ .

6. Si cometes un _____ grave, tendrás que huir de la ley.

7. El obrero quería dinero para comprar comida; por eso le pidió un _____ al capataz.

8. El trabajo de un _____ consiste en llevar cosas pesadas, como sacos de trigo.

9. El abuelo de Caramelo quería que su nieto tuviera un _____ para que ganara dinero para mantenerse.

10. La profesora no permite que usemos _____ en la clase porque quiere que nos expresemos apropiadamente.

11. A veces los mendigos buscan comida entre los _____.

12. Prefiero agua _____ para bañarme para que no me dé frío.

13. Sería difícil ser _____ de la ley porque nunca estarías tranquilo si te buscara la policía.

14. A veces los niños se _____ cuando pelean para demostrar su actitud de desprecio.

15. Hay adolescentes que fuman _____ para que sus padres no se enteren.

Afirmado en la barandilla del estribor, el marinero parecía esperar a alguien. Tenía en la mano izquierda un envoltorio de papel blanco, manchado de grasa en varias partes. Con la otra mano atendía la pipa.

Entre unos vagones apareció un joven delgado; se detuvo un instante, miró hacia el mar y avanzó después caminando por la orilla del muelle con las manos en los bolsillos, distraído o pensando.

Cuando pasó frente al barco, el marinero le gritó en inglés:

—I say; look! (Oiga, mire).

El joven levantó la cabeza y, sin detenerse, contestó en el mismo idioma:

—Hallow! What? (¡Hola! ¿Qué?).

—Are you hungry? (¿Tiene hambre?).

Hubo un breve silencio, durante el cual el joven pareció reflexionar y hasta dio un paso más corto que los demás, como para detenerse; pero al fin dijo, mientras dirigía al marinero una sonrisa triste:

—No, I am not hungry. Thank you, sailor. (No, no tengo hambre. Muchas gracias, marinero).

—Very well (Muy bien).

Sacóse la pipa de la boca el marinero, escupió y colocándosela de nuevo entre los labios, miró hacia otro lado. El joven, avergonzado de que su aspecto despertara sentimientos de caridad, pareció apresurar el paso, como temiendo arrepentirse de su negativa.

Un instante después, un magnífico vagabundo, vestido inverosímilmente de harapos, grandes zapatos rotos, larga barba rubia y ojos azules, pasó ante el marinero, y éste, sin llamarlo previamente, le gritó:

—Are you hungry?

No había terminado aún su pregunta cuando el atorrante, mirando con ojos brillantes el paquete que el marinero tenía en las manos, contestó apresuradamente:

—Yes, sir, I am very much hungry! (Sí, señor, tengo harta hambre).

Sonrió el marinero. El paquete voló en el aire y fue a caer entre las manos ávidas del hambriento. Ni siquiera dio las gracias y abriendo el envoltorio calientito aún, sentóse en el suelo, restregándose las manos alegremente al contemplar su contenido. Un atorrante de puerto puede no saber inglés, pero nunca se perdonaría no saber el suficiente como para pedir de comer a uno que hable ese idioma.

El joven que pasara momentos antes, parado a corta distancia de allí, presenció la escena.

Él también tenía hambre. Hacía tres días justos que no comía, tres largos días. Y más por timidez y vergüenza que por orgullo, se resistía a pararse delante de las escalas de los vapores, a las horas de comida, esperando de la generosidad de los marineros algún paquete que contuviera restos de guisos y trozos de carne. No podía hacerlo, no podría hacerlo nunca. Y cuando como en el caso reciente, alguno le ofrecía sus sobras, las rechazaba heroicamente, sintiendo que la ne-gativa aumentaba su hambre.

Seis días hacía que vagaba por las callejuelas y muelles de aquel puerto. Lo había dejado allí un vapor inglés procedente de Punta Arenas, puerto en donde había desertado de un vapor en que servía como muchacho de capitán. Estuvo un mes allí, ayudando en sus ocupaciones a un austriaco pescador de centollas, y en el primer barco que pasó hacia el norte embarcóse ocultamente.

Lo descubrieron al día siguiente de zarpar y enviáronlo a trabajar en las calderas. En el primer puerto grande que tocó el vapor lo desembarcaron, y allí quedó, como un fardo sin dirección ni destinatario, sin conocer a nadie, sin un centavo en los bolsillos y sin saber trabajar en oficio alguno.

Mientras estuvo allí el vapor, pudo comer, pero después . . . La ciudad enorme, que se alzaba más allá de las callejuelas llenas de tabernas y posadas pobres, no le atraía; parecíale un lugar de esclavitud, sin aire, oscura, sin esa grandeza amplia del mar, y entre cuyas altas paredes y calles rectas la gente vive y muere aturdida por un tráfago angustioso.

Estaba poseído por la obsesión del mar, que tuerce las vidas más lisas y definidas como un brazo poderoso, una delgada varilla. Aunque era muy joven había hecho varios viajes por las costas de América del Sur, en diversos vapores, desempeñando distintos trabajos y faenas, faenas y trabajos que en tierra casi no tenían aplicación.

Después que se fue el vapor anduvo y anduvo, esperando del azar algo que le permitiera vivir de algún modo mientras volvía a sus canchas familiares, pero no encontró nada. El puerto tenía poco movimiento y en los contados vapores en que se trabajaba no lo aceptaron.

Ambulaban por allí infinidad de vagabundos de profesión: marineros sin contrata, como él, desertados de un vapor o prófugos de algún delito; atorrantes abandonados al ocio, que se mantienen de no se sabe qué, mendigando o robando, pasando los días como las cuentas de un rosario mugriento, esperando quién sabe qué extraños acontecimientos, o no esperando nada, individuos de las razas y pueblos más exóticos y extraños, aun de aquéllos en cuya existencia no se cree hasta no haber visto un ejemplar vivo.

Al día siguiente, convencido de que no podría resistir mucho más, decidió recurrir a cualquier medio para procurarse alimentos.

Caminando, fue a dar delante de un vapor que había llegado la noche anterior y que cargaba trigo. Una hilera de hombres marchaba, dando la vuelta, al hombro los pesados sacos, desde los vagones, atravesando una planchada, hasta la escotilla de la bodega, donde los estibadores recibían la carga.

Estuvo un rato mirando hasta que atrevióse a hablar con el capataz, ofreciéndose. Fue aceptado y animosamente formó parte de la larga fila de cargadores.

Durante el primer tiempo de la jornada trabajó bien; pero después empezó a sentirse fatigado y le vinieron vahídos, vacilando en la planchada cuando marchaba con la carga al hombro, viendo a sus pies la abertura formada por el costado del vapor y el murallón del muelle, en el fondo de la cual, el mar, manchado de aceite y cubierto de desperdicios, glogloteaba sordamente.

A la hora de almorzar hubo un breve descanso y en tanto que algunos fueron a comer en los figones cercanos y otros comían lo que habían llevado, él se tendió en el suelo a descansar, disimulando su hambre.

Terminó la jornada, completamente agotado, cubierto de sudor, reducido ya a lo último. Mientras los trabajadores se retiraban, se sentó en unas bolsas acechando al capataz, y cuando se hubo marchado el último, acercóse a él y confuso y titubeante, aunque sin contarle lo que le sucedía, le preguntó si podían pagarle inmediatamente o si era posible conseguir un adelanto a cuenta de lo ganado.

Contestóle el capataz que la costumbre era pagar al final del trabajo y que todavía sería necesario trabajar el día siguiente para concluir de cargar el vapor. ¡Un día más! Por otro lado, no adelantaban un centavo.

—Pero— le dijo —, si usted necesita, yo podría prestarle unos cuarenta centavos . . . No tengo más.

Le agradeció el ofrecimiento con una sonrisa angustiosa y se fue.

Le acometió entonces una desesperación aguda. ¡Tenía hambre, hambre, hambre! Un hambre que los doblegaba como un latigazo; veía todo a través de una niebla azul y al andar vacilaba como un borracho. Sin embargo, no habría podido quejarse ni gritar, pues su sufrimiento era oscuro y fatigante; no era dolor, sino angustia sorda, acabamiento; le parecía que estaba aplastado por un gran peso.

Sintió de pronto como una quemadura en las entrañas y se detuvo. Se fue inclinado, inclinado, doblándose forzadamente y creyó que iba a caer. En ese instante, como si una ventana se hubiera abierto ante él, vio su casa, el paisaje que se veía desde ella, el rostro de su madre y el de sus hermanos, todo lo que él quería y amaba apareció y desapareció ante sus ojos cerrados por la fatiga . . . Después, poco a poco, cesó el desvanecimiento y se fue enderezando, mientras la quemadura se enfriaba despacio. Por fin se irguió, respirando profundamente. Una hora más y caería al suelo.

Apuró el paso, como huyendo de un nuevo mareo, y mientras marchaba resolvió ir a comer a cualquier parte, sin pagar, dispuesto a que lo avergonzaran, a que le pegaran, a que lo mandaran preso, a todo; lo importante era comer, comer, comer, hasta que el vocablo perdió su sentido, dejándole una impresión de vacío caliente en la cabeza.

No pensaba huir; le diría al dueño: «Señor, tenía hambre, hambre, hambre, y no tengo con qué pagar . . . Haga lo que quiera».

Llegó hasta las primeras calles de la ciudad y en una de ellas encontró una lechería. Era un negocito muy claro y limpio, lleno de mesitas con cubiertas de mármol. Detrás de un mostrador estaba de pie una señora rubia con un delantal blanquísimo.

Eligió ese negocio. La calle era poco transitada. Habría podido comer en uno de los figones que estaban junto al muelle, pero se encontraban llenos de gente que jugaba y bebía.

En la lechería no había sino un cliente. Era un vejete de anteojos, que con la nariz metida entre las hojas de un periódico, leyendo, permanecía inmóvil, como pegado a la silla. Sobre la mesita había un vaso de leche a medioconsumir.

Esperó que se retirara, paseando por la acera, sintiendo que poco a poco se le encendía en el estómago la quemadura de antes, y esperó cinco, diez hasta quince minutos. Se cansó y paróse a un lado de la puerta, desde donde lanzaba al viejo unas miradas que parecían pedradas.

¡Qué diablos leería con tanta atención! Llegó a imaginarse que era un enemigo suyo, quien, sabiendo sus intenciones, se hubiera propuesto entorpecerlas. Le daban ganas de entrar y decirle algo fuerte que le obligara a marcharse, una grosería o una frase que le indicara que no tenía derecho a permanecer una hora sentado, y leyendo, por un gasto tan reducido.

Por fin el cliente terminó su lectura, o por lo menos, la interrumpió. Se bebió de un sorbo el resto de leche que contenía el vaso, se levantó pausadamente, pagó y dirigiéndose a la puerta, salió; era un vejete encorvado, con trazas de carpintero o barnizador.

Apenas estuvo en la calle, afirmóse los anteojos, metió de nuevo la nariz entre las hojas del periódico y se fue, caminando despacito y deteniéndose cada diez pasos para leer con más detenimiento.

Esperó que se alejara y entró. Un momento estuvo parado a la entrada, indeciso, no sabiendo dónde sentarse; por fin eligió una mesa y dirigióse hacia ella; pero a mitad de camino se arrepintió; retrocedió y tropezó en una silla, instalándose después en un rincón.

Acudió la señora, pasó un trapo por la cubierta de la mesa y con voz suave, en la que se notaba un dejo de acento español, le preguntó:

—¿Qué se va usted a servir?

Sin mirarla, le contestó:

—Un vaso de leche.

—¿Grande?

—Sí, grande.

—¿Solo?

—¿Hay bizcochos?

—No; vainillas.

—Bueno, vainillas.

Cuando la señora se dio vuelta, él se restregó las manos sobre las rodillas, regocijado, como quien tiene frío y va a beber algo caliente.

Volvió la señora y colocó ante él un gran vaso de leche y un platillo lleno de vainillas, dirigiéndose después a su puesto detrás del mostrador.

Su primer impulso fue el de beberse la leche de un trago y comerse después las vainillas, pero en seguida se arrepintió; sentía que los ojos de la mujer lo miraban con curiosidad. No se atrevía a mirarla; le parecía que, al hacerlo, conocería su estado de ánimo y sus propósitos vergonzosos y él tendría que levantarse e irse, sin probar lo que había pedido.

Pausadamente, tomó una vainilla, humedecióla en la leche y le dio un bocado; bebió un sorbo de leche y sintió que la quemadura, ya encendida en su estómago, se apagaba y deshacía. Pero, en seguida, la realidad de su situación desesperada surgió ante él y algo apretado y caliente subió desde su corazón hasta la garganta; se dio cuenta de que iba a sollozar a gritos, y aunque sabía que la señora lo estaba mirando no pudo rechazar ni deshacer aquel nudo ardiente que se estrechaba más y más. Resistió, y mientras resistía comió apresuradamente, como asustado, temiendo que el llanto le impidiera comer. Cuando terminó con la leche y las vainillas se le nublaron los ojos y algo tibio rodó por su nariz, cayendo dentro del vaso. Un terrible sollozo lo sacudió hasta los zapatos.

Afirmó la cabeza en las manos y durante mucho rato lloró, lloró con pena, con rabia, con ganas de llorar, como si nunca hubiese llorado.

Inclinado estaba y llorando, cuando sintió que una mano le acariciaba la cansada cabeza y que una voz de mujer, con un dulce acento español, le decía:

—Llore, hijo, llore . . .

Una nueva ola de llanto le arrasó los ojos y lloró con tanta fuerza como la primera vez, pero ahora angustiosamente, sino con alegría, sintiendo que una gran frescura lo penetraba, apagando eso caliente que le había estrangulado la garganta. Mientras lloraba parecióle que su vida y sus sentimientos se limpiaban como un vaso bajo un chorro de agua, recobrando la claridad y firmeza de otros días.

Cuando pasó el acceso de llanto se limpió con su pañuelo los ojos y la cara, ya tranquilo. Levantó la cabeza y miró a la señora, pero ésta no le miraba ya, miraba hacia la calle, a un punto lejano, y su rostro estaba triste.

En la mesita, ante él había un nuevo vaso lleno de leche y otro platillo colmado de vainillas; comió lentamente, sin pensar en nada, como si nada le hubiera pasado, como si estuviera en su casa y su madre fuera esa mujer que estaba detrás del mostrador.

Cuando terminó ya había oscurecido y el negocio se iluminaba con una bombilla eléctrica. Estuvo un rato sentado, pensado en lo que le diría a la señora al despedirse, sin ocurrírsele nada oportuno.

Al fin se levantó y dijo simplemente:

—Muchas gracias, señora; adiós . . .

—Adiós, hijo . . .— le contestó ella.

Salió. El viento que venía del mar refrescó su cara, caliente aún por el llanto. Caminó un rato sin dirección, tomando después por una calle que bajaba hacia los muelles. La noche era hermosísima y grandes estrellas aparecían en el cielo de verano.

Pensó en la señora rubia que tan generosamente se había conducido e hizo propósitos de pagarle y recompensarla de una manera digna cuando tuviera dinero; pero estos pensamientos de gratitud se desvanecían junto con el ardor de su rostro, hasta que no quedó ninguno, y el hecho reciente retrocedió y se perdió en los recodos de su vida pasada.

De pronto se sorprendió cantando algo en voz baja. Se irguió alegremente, pisando con firmeza y decisión.

Llegó a la orilla del mar y anduvo de un lado para otro, elásticamente, sintiéndose rehacer, como si sus fuerzas interiores, antes dispersas, se reunieran y amalgamaran sólidamente.

Después la fatiga del trabajo empezó a subirle por las piernas en un lento hormigueo y se sentó sobre un montón de bolsas.

Miró el mar. Las luces del muelle y las de los barcos se extendían por el agua en un reguero rojizo y dorado, temblando suavemente. Se tendió de espaldas, mirando el cielo largo rato. No tenía ganas de pensar, ni de cantar, ni de hablar. Se sentía vivir, nada más.

Hasta que se quedó dormido con el rostro vuelto hacia el mar.

(Manuel Rojas, «El vaso de leche» en «El delincuente». Imprenta Universitaria, Santiago de Chile; 1929.)

Actividades de poslectura

A. Con un(a) compañero(a), conteste las siguientes preguntas.

1. ¿Cuántos vagabundos había? ¿En qué sentido eran diferentes?
2. ¿Qué había en el envoltorio?
3. ¿Por qué se había desembarcado el joven en un puerto sin conocer a nadie y sin trabajo?
4. ¿Por qué no le atraía la ciudad sino que «estaba poseído por la obsesión del mar»?
5. ¿Qué trabajo encontró?
6. ¿Por qué le pidió un adelanto al capataz?
7. ¿Cuando sufría hambre, en quiénes pensaba?
8. ¿Qué pensaba hacer cuando entró en la lechería?
9. ¿A qué se debe el hecho de que vio al otro cliente en la lechería como a un enemigo?
10. Adivinen por el contexto el significado de «vainillas».
11. ¿Cuáles son «sus propósitos vergonzosos»?
12. Después de terminar la leche y las vainillas, «se le nublaron los ojos y algo tibio rodó por su nariz, cayendo dentro del vaso.» ¿Qué era la cosa tibia?
13. ¿Qué impresión tienen de la señora de la lechería?
14. ¿Cómo será el futuro del joven?

B. Escoja una de las siguientes actividades de escritura.

1. Escriba otro final, suponiendo que la señora de la lechería se enoja y llama a la policía cuando el joven no paga.
2. Al final del cuento el joven se duerme. Escriba una carta del joven a su madre después de despertarse.

Capítulo 13

Isabel Allende, chilena pero nacida en Lima, Perú (1942), ha vivido en Venezuela y los Estados Unidos. Ha alcanzado fama mundial con sus cuentos y novelas, comenzando con «La casa de los espíritus» en 1982. Su capacidad de narrar los eventos en la vida de sus personajes con realismo, humor y exageración impresiona y entretiene al lector, quien muchas veces encuentra una sorpresa al final de la obra. «Clarisa» es parte de la antología «Cuentos de Eva Luna», publicada en 1990.

Clarisa

Actividades de prelectura

A. Con un(a) compañero(a), conteste las siguientes preguntas.

1. Nombre a algunas personas que tengan fama de hacer milagros y curar a los enfermos.
2. ¿En qué consiste el movimiento literario del «realismo mágico»?
3. Lea el primer párrafo del cuento. ¿En qué época nació Clarisa? ¿Qué fama tenía ella?
4. ¿Cómo se sentiría Ud. si le naciera un hijo con impedimentos? ¿Cómo reaccionaría?
5. ¿Qué haría si un ladrón entrara en su casa?
6. ¿Cree Ud. que una persona es capaz de predecir el día preciso de su muerte?

B. Estudie el siguiente vocabulario y complete las oraciones con la palabra apropiada.

VOCABULARIO

agonía *f.* angustia del moribundo

amarrar atar

ateo *m.* persona que niega la existencia de Dios

atónito *adj.* asombrado, pasmado

bacinilla *f.* vaso que sirve para recibir los excrementos de un enfermo

beca *f.* estipendio dado a un estudiante para pagar sus estudios

bochorno *m.*   encendimiento de la cara producido por la vergüenza

carecer   faltar

caserón *m.*   casa grande

cerciorarse   asegurarse de la verdad de algo

comadrona *f.*   partera, persona que ayuda en el parto

cotidiano *adj.*   diario

chasco *m.*   burla, desilusión, engaño

dar a luz   tener un bebé, nacerle

descalabrar   herir en la cabeza; arruinar

desencajar   sacar una cosa de su lugar

embriaguez *f.*   borrachera

escalofrío *m.*   sensación repentina de frío

escolta *f.*   acompañantes que protegen a una persona del peligro

estrafalaria *f.*   extravagante en el modo de pensar o actuar

fallecimiento *f.*   muerte

hurgar   excitar, inspirar un sentimiento

milagrera *f.*   persona que hace milagros

moribunda *f.*   persona que está muriendo

otorgados *adj.*   dados

padecer   sufrir

pantalla *f.*   telón en que se proyecta una película

penuria *f.*   pobreza, falta de dinero

pleno *adj.*   completo

preso *m.*   prisionero

prodigio *m.*   milagro, hecho sobrenatural

prójimo *m.*   otra persona con respecto a uno

puta *f.*   prostituta

recóndita *adj.*   muy escondida, oculta

sobrar   tener en exceso

socorrer   ayudar

topo *m.*   animal parecido al ratón, que hace galerías subterráneas

OTRAS PALABRAS

matas de helechos *f. pl.*

teclado *m.*

1. El premio Nobel les fue _____ a los centroamericanos Rigoberta Menchú y Oscar Arias.

2. Muchas veces, los enfermos tienen fiebre y sufren de _____.

3. Cuando mi abuelo guardaba cama, tenía que usar una _____ en vez de ir al baño.

4. No me gusta tener _____ en el jardín porque destruyen el césped.

5. Carlos Ménem estuvo _____ durante la época de la junta militar en la Argentina.

6. Cuando hizo el viaje al extranjero, el presidente electo llevó su _____ en caso de peligro.

7. Juan _____ al perro para que no se escapara.

8. Ya que _____ de fondos, no puedo hacer un viaje tan caro.

9. El robo ocurrió en _____ día.

10. Después de _____ , la madre abrazó a su bebé con mucha alegría y le agradeció a la _____ su ayuda durante el parto.

11. Mi abuela _____ del asma.

12. Cuando mi tío murió, publicaron una esquela en el periódico para anunciar su _____.

13. Mi vecino no celebra la Navidad porque es _____.

14. La vida _____ aburre a algunos porque les parece rutinaria.

15. No sé _____ si es verdad o no.

16. Ella toca tan bien que parece que el piano tiene un _____ mágico.

17. Muchos estudiantes tratan de conseguir _____ para pagar sus estudios.

18. Ayudé a mi madre moribunda durante su _____.

19. Si oyera hablar a un fantasma, yo estaría _____.

20. No me _____ ni tiempo ni dinero; siempre estoy ocupado y siempre me hace falta dinero.

Clarisa nació cuando aún no existía la luz eléctrica en la ciudad, vio por televisión al primer astronauta levitando sobre la superficie de la luna y se murió de asombro cuando llegó el Papa de visita y le salieron al encuentro los homosexuales disfrazados de monjas. Había pasado la infancia entre matas de helechos y corredores alumbrados por candiles de aceite. Los días transcurrían lentos en aquella época. Clarisa nunca se adaptó a los sobresaltos de los tiempos de hoy, siempre me pareció que estaba detenida en el aire color sepia de un retrato de otro siglo. Supongo que alguna vez tuvo cintura virginal, porte gracioso y perfil de medallón, pero cuando yo la conocí ya era una anciana algo estrafalaria, con los hombros alzados como dos suaves jorobas y su noble cabeza coronada por un quiste sebáceo, como un huevo de paloma, alrededor del cual ella enrollaba sus cabellos blancos. Tenía una mirada traviesa y profunda, capaz de penetrar la maldad más recóndita y regresar intacta. En sus muchos años de existencia alcanzó fama de santa y después de su muerte muchos tienen su fotografía en un altar doméstico, junto a otras imágenes venerables, para pedirle ayuda en las dificultades menores, a pesar de que su prestigio de milagrera no está reconocida por el Vaticano y con seguridad nunca lo estará, porque los beneficios otorgados por ella son de índole caprichosa: no cura ciegos como Santa Lucía ni encuentra marido para las solteras como San Antonio, pero dicen que ayuda a soportar el malestar de la embriaguez, los tropiezos de la conscripción y el acecho de la soledad. Sus prodigios son humildes e improbables, pero tan necesarios como las aparatosas maravillas de los santos de catedral.

La conocí en mi adolescencia, cuando yo trabajaba como sirvienta en casa de La Señora, una dama de la noche, como llamaba Clarisa a las de ese oficio. Ya entonces era casi puro espíritu, parecía siempre a punto de despegar del suelo y salir volando por la ventana. Tenía manos de curandera y quienes no podían pagar un médico o estaban desilusionados de la ciencia tradicional esperaban turno para que ella les aliviara los dolores o los consolara de la mala suerte. Mi patrona solía llamarla para que aplicara las manos en la espalda. De paso, Clarisa hurgaba en el alma de La Señora con el propósito de torcerle la vida y conducirla por los caminos de Dios, caminos que la otra no tenía mayor urgencia en recorrer, porque esa decisión habría descalabrado su negocio. Clarisa le entregaba el calor curativo de sus palmas por diez o quince minutos, según la intensidad del dolor, y luego aceptaba un jugo de fruta como recompensa por sus servicios. Sentadas frente a frente en la cocina, las dos mujeres charlaban sobre lo humano y lo divino, mi patrona más de lo humano y ella más de lo divino, sin traicionar la tolerancia y el rigor de las buenas maneras. Después cambié de empleo y perdí de vista a Clarisa hasta un par de décadas más tarde, en que volvimos a encontrarnos y pudimos restablecer la amistad hasta el día de hoy, sin hacer mayor caso de los diversos obstáculos que se nos interpusieron, inclusive el de su muerte, que vino a sembrar cierto desorden en la buena comunicación.

Aun en los tiempos en que la vejez le impedía moverse con el entusiasmo misionero de antaño, Clarisa preservó su constancia para socorrer al prójimo, a veces incluso contra la voluntad de los beneficiarios, como era el caso de los chulos de la calle República, quienes debían soportar, sumidos en la mayor mortificación, las arengas públicas de esa buena señora en su afán inalterable de redimirlos. Clarisa se desprendía de todo lo suyo para darlo a los necesitados, por lo general sólo tenía la ropa que llevaba puesta y hacia el final de su vida le resultaba difícil encontrar pobres más pobres que ella. La caridad se convirtió en un camino de ida y vuelta y ya no se sabía quién daba y quién recibía.

Vivía en un destartalado caserón de tres pisos, con algunos cuartos vacíos y otros alquilados como depósito a una licorería, de manera que una ácida pestilencia de borracho contaminaba el ambiente. No se mudaba de esa vivienda, herencia de sus padres, porque le recordaba su pasado abolengo y porque desde hacía más de cuarenta años su marido se había enterrado allí en vida, en un cuarto al fondo del patio. El hombre fue juez de una lejana provincia, oficio que ejerció con dignidad hasta el nacimiento de su segundo hijo, cuando la decepción le arrebató el interés por enfrentar su suerte y se refugió como un topo en el socavón maloliente de su cuarto. Salía muy rara vez, como una sombra huidiza, y sólo abría la puerta para sacar la bacinilla y recoger la comida que su mujer le dejaba cada día. Se comunicaba con ella por medio de notas escritas con su perfecta caligrafía y de golpes en la puerta, dos para sí y tres para no. A través de los muros de su cuarto se podían escuchar su carraspeo asmático y algunas palabrotas de bucanero que no se sabía a ciencia cierta a quién iban dirigidas.

—Pobre hombre, ojalá Dios lo llame a Su lado cuanto antes y lo ponga a cantar en un coro de ángeles —suspiraba Clarisa sin asombro de ironía; pero el fallecimiento oportuno de su marido no fue una de las gracias otorgadas por La Divina Providencia, puesto que la ha sobrevivido hasta hoy, aunque ya debe tener más de cien años, a menos que haya muerto y las toses y maldiciones que se escuchan sean sólo el eco de ayer.

Clarisa se casó con él porque fue el primero que se lo pidió y a sus padres les pareció que un juez era el mejor partido posible. Ella dejó el sobrio bienestar del hogar paterno y se acomodó a la avaricia y la vulgaridad de su marido sin pretender una fortuna mejor. La única vez que se le oyó un comentario nostálgico por los refinamientos del pasado fue a propósito de un piano de cola con el cual se deleitaba de niña. Así nos enteramos de su afición por la música y mucho más tarde, cuando ya era una anciana, un grupo de amigos le regalamos un modesto piano. Para entonces ella había pasado casi sesenta años sin ver un teclado de cerca, pero se sentó en el taburete y tocó de memoria sin la menor vacilación un Nocturno de Chopin.

Un par de años después de la boda con el juez, nació una hija albina, quien apenas comenzó a caminar acompañaba a su madre a la iglesia. La pequeña se deslumbró en tal forma con los oropeles de la liturgia, que comenzó a arrancar los cortinajes para vestirse de obispo y pronto el único juego que le interesaba era imitar los gestos de la misa y entonar cánticos en un latín de su invención. Era retardada sin remedio, sólo pronunciaba palabras en una lengua desconocida, babeaba sin cesar y sufría incontrolables ataques de maldad, durante los cuales debían atarla como un animal de feria para evitar que masticara los muebles y atacara a las personas. Con la pubertad se tranquilizó y ayudaba a su madre en las labores de la casa. El segundo hijo llegó al mundo con un dulce rostro asiático, desprovisto de curiosidad, y la única destreza que logró adquirir fue equilibrarse sobre una bicicleta, pero no le sirvió de mucho porque su madre no se atrevió nunca a dejarlo salir de la casa. Pasó la vida pedaleando en el patio en una bicicleta sin ruedas fija en un atril.

La anormalidad de sus hijos no afectó el sólido optimismo de Clarisa, quien los consideraba almas puras, inmunes al mal, y se relacionaba con ellos sólo en términos de afecto. Su mayor preocupación consistía en preservarlos incontaminados por sufrimientos terrenales, se preguntaba a menudo quién los cuidaría cuando ella faltara. El padre, en cambio, no hablaba jamás de ellos, se aferró al pretexto de los hijos retardados para sumirse en el bochorno, abandonar su trabajo, sus amigos y hasta el aire fresco y sepultarse en su pieza, ocupado en copiar con paciencia de monje medieval los periódicos en un cuaderno de notario. Entretanto su mujer gastó hasta el último céntimo de su dote y de su herencia y luego trabajó en toda clase de pequeños oficios para mantener a la familia. Las penurias propias no la alejaron de las penurias ajenas y aun en los períodos más difíciles de su existencia no postergó sus labores de misericordia.

Clarisa poseía una ilimitada comprensión por las debilidades humanas. Una noche, cuando ya era una anciana de pelo blanco, se encontraba cosiendo en su cuarto cuando escuchó ruidos desusados en la casa. Se levantó para averiguar de qué se trataba, pero no alcanzó a salir, porque en la puerta tropezó de frente con un hombre que le puso un cuchillo en el cuello.

—Silencio, puta, o te despacho de un solo corte —la amenazó.

—No es aquí, hijo. Las damas de la noche están al otro lado de la calle, donde tienen la música.

—No te burles, esto es un asalto.

—¿Cómo dices? —sonrió incrédula Clarisa—. ¿Y qué me vas a robar a mí?

—Siéntate en esa silla, voy a amarrarte.

—De ninguna manera, hijo, puedo ser tu madre, no me faltes el respeto.

—¡Siéntate!

—!No grites, porque vas a asustar a mi marido, que está delicado de salud. Y de paso guarda el cuchillo, que puedes herir a alguien —dijo Clarisa.

—Oiga, señora, yo vine a robar —masculló el asaltante desconcertado.

—No, esto no es un robo. Yo no te voy a dejar que cometas un pecado. Te voy a dar algo de dinero por mi propia voluntad. No me lo estás quitando, te lo estoy dando, ¿está claro?— Fue a su cartera y sacó lo que le quedaba para el resto de la semana—. No tengo más. Somos una familia bastante pobre, como ves. Acompáñame a la cocina, voy a poner la tetera.

El hombre se guardó el cuchillo y la siguió con los billetes en la mano. Clarisa preparó té para ambos, sirvió las últimas galletas que le quedaban y lo invitó a sentarse en la sala.

—¿De dónde sacaste la peregrina idea de robarle a esta pobre vieja?

El ladrón le contó que la había observado durante días, sabía que vivía sola y pensó que en aquel caserón habría algo que llevarse. Ese era el primer asalto, dijo, tenía cuatro hijos, estaba sin trabajo y no podía llegar otra vez a casa con las manos vacías. Ella le hizo ver que el riesgo era demasiado grande, no sólo podían llevarlo preso, sino que podía condenarse al infierno, aunque en verdad ella dudaba que Dios fuera a castigarlo con tanto rigor, a lo más iría a parar al purgatorio, siempre que se arrepintiera y no volviera a hacerlo, por supuesto. Le ofreció incorporarlo a la lista de sus protegidos y le prometió que no lo acusaría a las autoridades. Se despidieron con un par de besos en las mejillas. En los diez años siguientes, hasta la muerte de Clarisa, el hombre le enviaba por correo un pequeño regalo en cada Navidad.

No todas las relaciones de Clarisa eran de esa calaña, también conocía a gente de prestigio, señoras de alcurnia, ricos comerciantes, banqueros y hombres públicos, a quienes visitaba buscando ayuda para el prójimo, sin detenerse a especular cómo sería recibida. Cierto día se presentó en la oficina del diputado Diego Cienfuegos, conocido por sus incendiarios discursos y por ser uno de los pocos políticos incorruptibles del país, lo cual no le impidió ascender a ministro y acabar en los libros de historia como padre intelectual de un cierto tratado de la paz. En esa época Clarisa era joven y algo tímida, pero ya tenía la misma tremenda determinación que la caracterizó en la vejez. Llegó donde el diputado a pedirle que usara su influencia para conseguir una nevera moderna a las Madres Teresinas. El hombre la miró pasmado, sin entender las razones por las cuales él debía ayudar a sus enemigas ideológicas.

—Porque en el comedor de las monjitas almuerzan gratis cien niños cada día, y casi todos son hijos de los comunistas y evangélicos que votan por usted —replicó mansamente Clarisa.

Así nació entre ambos una discreta amistad que habría de costarle muchos desvelos y favores al político. Con la misma lógica irrefutable conseguía de los jesuitas becas escolares para muchachos ateos, de la Acción de Damas Católicas ropa usada para las prostitutas de su barrio, del Instituto Alemán instrumentos de música para un coro hebreo, de los dueños de viñas fondos para los programas de alcohólicos.

Ni el marido sepultado en el mausoleo de su cuarto, ni las extenuantes horas de trabajo cotidiano, evitaron que Clarisa quedara embarazada una vez más. La comadrona le advirtió que con toda probabilidad daría a luz otro anormal, pero ella la tranquilizó con el argumento de que Dios mantiene cierto equilibrio en el universo, y tal como Él crea algunas cosas torcidas, también crea otras derechas, por cada virtud hay un pecado, por cada alegría una desdicha, por cada mal un bien y así, en el eterno girar de la rueda de la vida todo se compensa a través de los siglos. El péndulo va y viene con inexorable precisión, decía ella.

Clarisa pasó sin prisa el tiempo de su embarazo y dio a luz un tercer hijo. El nacimiento se produjo en su casa, ayudada por la comadrona y amenizado por la compañía de las criaturas retardadas, seres inofensivos y sonrientes que pasaban las horas entretenidos en sus juegos, una mascullando galimatías en su traje de obispo y el otro pedaleando hacia ninguna parte en una bicicleta inmóvil. En esta ocasión la balanza se movió en el sentido justo para preservar la armonía de la Creación y nació un muchacho fuerte, de ojos sabios y manos firmes, que la madre se puso al pecho, agradecida. Catorce meses después Clarisa dio a luz otro hijo con las características del anterior.

—Estos crecerán sanos para ayudarme a cuidar a los dos primeros— decidió ella, fiel a su teoría de las compensaciones, y así fue, porque los hijos menores resultaron derechos como dos cañas y bien dotados para la bondad.

De algún modo Clarisa se las arregló para mantener a los cuatro niños sin ayuda del marido y sin perder su orgullo de gran dama solicitando caridad para sí misma. Pocos se enteraron de sus apuros financieros. Con la misma tenacidad con que pasaba las noches en vela fabricando muñecas de trapo o tortas de novia para vender, batallaba contra el deterioro de su casa, cuyas paredes comenzaban a sudar un vapor verdoso, y le inculcaba a los hijos menores sus principios de buen humor y de generosidad con tan espléndido efecto que en las décadas siguientes estuvieron siempre junto a ella soportando la carga de sus hermanos mayores, hasta que un día éstos se quedaron atrapados en la sala de baño y un escape de gas los trasladó apaciblemente a otro mundo.

La llegada del Papa se produjo cuando Clarisa aún no cumplía ochenta años, aunque no era fácil calcular su edad exacta, porque se la aumentaba por coquetería, nada más que para oír decir cuán bien se conservaba a los ochenta y cinco que pregonaba. Le sobraba ánimo, pero le fallaba el cuerpo, le costaba caminar, se desorientaba en las calles, no tenía apetito y acabó alimentándose de flores y miel. El espíritu se le fue desprendiendo en la misma media en que le germinaron las alas, pero los preparativos de la visita papal le devolvieron el entusiasmo por las aventuras terrenales. No aceptó ver el espectáculo por televisión, porque sentía una desconfianza profunda por ese aparato. Estaba convencida de que hasta el astronauta en la luna era una patraña con esas historias en las cuales los protagonistas se amaban o se morían de mentira y una semana después reaparecían con sus mismas caras, padeciendo otros destinos. Clarisa quiso ver al Pontífice con sus propios ojos, para que no fueran a mostrarle en la pantalla a un actor con paramentos episcopales, de modo que tuve que acompañarla a vitorearlo en su paso por las calles. Al cabo de un par de horas defendiéndonos de la muchedumbre de creyentes y de vendedores de cirios, camisetas estampadas, policromías y santos de plástico, logramos vislumbrar al Santo Padre, magnífico dentro de una caja de vidrio portátil, como una blanca marsopa en su acuario. Clarisa cayó de rodillas, a punto de ser aplastada por los fanáticos y por los guardias de la escolta. En ese instante, justamente cuando teníamos al Papa a tiro de piedra, surgió por una calle lateral una columna de hombres vestidos de monjas, con las caras pintarrajeadas, enarbolando pancartas a favor del aborto, el divorcio, la sodomía y el derecho de las mujeres a ejercer el sacerdocio. Clarisa hurgó en su bolso con mano temblorosa, encontró sus gafas y se las colocó para cerciorarse de que no se trataba de una alucinación.

—Vámonos, hija. Ya he visto demasiado —me dijo, pálida.

Tan desencajada estaba, que para distraerla ofrecí comprarle un cabello del Papa, pero no lo quiso, porque no había garantía de su autenticidad. El número de reliquias capilares ofrecidas por los comerciantes era tal, que alcanzaba para rellenar un par de colchones, según calculó un periódico socialista.

—Estoy muy vieja y ya no entiendo el mundo, hija. Lo mejor es volver a casa.

Llegó a su caserón extenuada, con el fragor de campanas y vítores todavía retumbándole en las sienes. Partí a la cocina a preparar una sopa para el juez y a calentar agua para darle a ella una infusión de camomila, a ver si eso la tranquilizaba un poco. Entretanto Clarisa, con una expresión de gran melancolía, colocó todo en orden y sirvió el último plato de comida para su marido. Puso la bandeja ante la puerta cerrada y llamó por primera vez en más de cuarenta años.

—¿Cuántas veces he dicho que no me molesten? —protestó la voz decrépita del juez.

—Disculpa, querido, sólo deseo avisarte que me voy a morir.

—¿Cuándo?

—El viernes.

—Está bien —y no abrió la puerta.

Clarisa llamó a sus hijos para darles cuenta de su próximo fin y luego se acostó en su cama. Tenía una habitación grande, oscura, con pesados muebles de caoba tallada que no alcanzaron a convertirse en antigüedades, porque el deterioro los derrotó por el camino. Sobre la cómoda había una urna de cristal con un Niño Jesús de cera de un realismo sorprendente, parecía un bebé recién bañado.

—Me gustaría que te quedaras con el Niñito, para que me lo cuides, Eva.

—Usted no piensa morirse, no me haga pasar estos sustos.

—Tienes que ponerlo a la sombra, si le pega el sol se derrite. Ha durado casi un siglo y puede durar otro si lo defiendes del clima.

Le acomodé en lo alto de la cabeza sus cabellos de merengue, le adorné el peinado con una cinta y me senté a su lado, dispuesta a acompañarla en ese trance, sin saber a ciencia cierta de qué se trataba, porque el momento carecía de todo sentimentalismo, como si en verdad no fuera una agonía, sino un apacible resfrío.

—Sería bien bueno que me confesara, ¿no te parece, hija?

—¡Pero qué pecados puede tener usted, Clarisa!

—La vida es larga y sobra tiempo para el mal, con el favor de Dios.

—Usted se irá derecho al cielo, si es que el cielo existe.

—Claro que existe, pero no es tan seguro que me admitan. Allí son bien estrictos — murmuró. Y después de una larga pausa agregó—: Repasando mis faltas, veo que hay una bastante grave . . .

Tuve un escalofrío, temiendo que esa anciana con aureola de santa me dijera que había eliminado intencionalmente a sus hijos retardados para facilitar la justicia divina, o que no creía en Dios y que se había dedicado a hacer el bien en este mundo sólo porque en la balanza le había tocado esa suerte, para compensar el mal de otros, mal que a su vez carecía de importancia, puesto que todo es parte del mismo proceso infinito. Pero nada tan dramático me confesó Clarisa. Se volvió hacia la ventana y me dijo ruborizada que se había negado a cumplir sus deberes conyugales.

—¿Qué significa eso?— pregunté.

—Bueno . . . Me refiero a no satisfacer los deseos carnales de mi marido, ¿entiendes?

—No.

—Si una le niega su cuerpo y él cae en la tentación de buscar alivio con otra mujer, una tiene la responsabilidad moral.

—Ya veo. El juez fornica y el pecado es de usted.

—No, no. Me parece que sería de ambos, habría que consultarlo.

—¿El marido tiene la misma obligación con su mujer?

—¿Ah?

—Quiero decir que si usted hubiera tenido otro hombre, ¿la falta sería también de su esposo?

—¡Las cosas que se te ocurren, hija! —Me miró atónita.

—No se preocupe, si su peor pecado es haberle escamoteado el cuerpo al juez, estoy segura de que Dios lo tomará en broma.

—No creo que Dios tenga humor para esas cosas.

—Dudar de la perfección divina ése sí es un gran pecado, Clarisa.

Se veía tan saludable que costaba imaginar su próxima partida, pero supuse que los santos, a diferencia de los simples mortales, tienen el poder de morir sin miedo y en pleno uso de sus facultades. Su prestigio era tan sólido, que muchos aseguraban haber visto un círculo de luz en torno de su cabeza y haber escuchado música celestial en su presencia, por lo mismo no me sorprendió, al desvestirla para ponerle el camisón, encontrar en sus hombros dos bultos inflamados, como si estuviera a punto de reventarle un par de alas de angelote.

El rumor de la agonía de Clarisa se regó con rapidez. Los hijos y yo tuvimos que atender a una inacabable fila de gentes que venían a pedir su intervención en el cielo para diversos favores o simplemente a despedirse. Muchos esperaban que en el último momento ocurriera un prodigio significativo, como que el olor a botellas rancias que infectaba el ambiente se transformara en perfume de camelias o su cuerpo refulgiera con rayos de consolación. Entre ellos apareció su amigo, el bandido, quien no había enmendado el rumbo y estaba convertido en un verdadero profesional. Se sentó junto a la cama de la moribunda y le contó sus andanzas sin asomo de arrepentimiento.

—Me va muy bien. Ahora me meto nada más que en las casas del barrio alto. Le robo a los ricos y eso no es pecado. Nunca he tenido que usar violencia, yo trabajo limpiamente, como un caballero —explicó con cierto orgullo.

—Tendré que rezar mucho por ti, hijo.

—Rece, abuelita, que eso no me puede hacer mal.

También La Señora apareció compungida a darle el adiós a su querida amiga, trayendo una corona de flores y unos dulces de alfajor para contribuir al velorio. Mi antigua patrona no me reconoció, pero yo no tuve dificultad en identificarla a ella, porque no había cambiado tanto, se veía bastante bien, a pesar de su gordura, su peluca y sus extravagantes zapatos de plástico con estrellas doradas. A diferencia del ladrón, ella venía a comunicar a Clarisa que sus consejos de antaño habían caído en tierra fértil y ahora ella era una cristiana decente.

—Cuénteselo a San Pedro, para que me borre del libro negro —le pidió.

—Qué tremendo chasco se llevarán estas buenas personas si en vez de irme al cielo acabo cocinándome en las pailas del infierno . . . —comentó la moribunda, cuando por fin pude cerrar la puerta para que descansara un poco.

—Si eso ocurre allá arriba, aquí abajo nadie lo sabrá, Clarisa.

—Mejor así.

Desde el amanecer del viernes se congregó una muchedumbre en la calle y a duras penas sus hijos lograron impedir el desborde de creyentes dispuestos a llevarse cualquier reliquia, desde trozos de papel de las paredes hasta la escasa ropa de la santa. Clarisa decaía a ojos vista y por primera vez dio señales de tomar en serio su propia muerte. A eso de las diez se detuvo frente a la casa un automóvil azul con placas del Congreso. El chófer ayudó a descender del asiento trasero a un anciano, que la multitud reconoció de inmediato. Era don Diego Cienfuegos, convertido en prócer después de tantas décadas de servicio en la vida pública. Los hijos de Clarisa salieron a recibirlo y lo acompañaron en su penoso ascenso hasta el segundo piso. Al verlo en el umbral de la puerta, Clarisa se animó, volvieron el rubor a sus mejillas y el brillo a sus ojos.

—Por favor, saca a todo el mundo de la pieza y déjanos solos —me sopló al oído.

Veinte minutos más tarde se abrió la puerta y don Diego Cienfuegos salió arrastrando los pies, con los ojos aguados, maltrecho y tullido, pero sonriendo. Los hijos de Clarisa, que lo esperaban en el pasillo, lo tomaron de nuevo por los brazos para ayudarlo y entonces, al verlos juntos, confirmé algo que ya había notado antes. Esos tres hombres tenían el mismo porte y perfil, la misma pausada seguridad, los mismos ojos sabios y manos firmes.

Esperé que bajaran la escalera y volví donde mi amiga. Me acerqué para acomodarle las almohadas y vi que también ella, como su visitante, lloraba con cierto regocijo.

—Fue don Diego su pecado más grave, ¿verdad? —le susurré.

—Eso no fue pecado, hija, sólo una ayuda a Dios para equilibrar la balanza del destino. Y ya ves cómo resultó de lo más bien, porque por dos hijos retardados tuve otros dos para cuidarlos.

Esa noche murió Clarisa sin angustia. De cáncer, diagnosticó el médico al ver sus capullos de alas; de santidad, proclamaron los devotos apiñados en la calle con cirios y flores; de asombro, digo, porque estuve con ella cuando nos visitó el Papa.

(Isabel Allende, «Clarisa» en «Cuentos de Eva Luna». Plaza & Janes Editores, S.A.; 1990.)

Actividades de poslectura

A. Con un(a) compañero(a), conteste las siguientes preguntas.

1. ¿Qué «prodigios» hace Clarisa?
2. ¿En qué tipo de casa trabajó de sirvienta la narradora al principio del cuento? ¿Por qué no le interesaba a la Señora conocer «el camino de Dios»?
3. La narradora dice que ella y Clarisa pudieron restablecer la amistad «hasta el día de hoy, sin hacer mayor caso de los diversos obstáculos que se nos interpusieron, inclusive el de su muerte, que vino a sembrar cierto desorden en la buena comunicación.» ¿Qué reacción produce esta frase de parte del lector y por qué?
4. En la frase, «Clarisa se desprendía de todo lo suyo para darlo a los necesitados», diga lo que significa «se desprendía».
5. ¿Qué trabajo había tenido el esposo de Clarisa? ¿Qué importancia tenía eso para Clarisa?
6. «Su marido se había enterrado allí en vida.» Describa cómo vivía él. ¿Qué clase de lenguaje usa cuando dice «algunas palabrotas de bucanero»?
7. Dibuje la vida de los dos primeros hijos de Clarisa.
8. ¿Cuál fue la reacción del marido de Clarisa a la «anormalidad de sus hijos»? ¿Qué les pasó por fin?
9. Adivinando por el contexto, indique el significado de «desusados» y «tetera» cuando el bandido entra en la casa.
10. Explique el «milagro» que hizo Clarisa con respecto al ladrón que entró en su casa.
11. ¿Qué implica la caracterización de Diego Cienfuegos, («uno de los pocos políticos incorruptibles del país») sobre los gobernantes de esa nación? ¿Qué buena obra realizó Clarisa al hablar con él? ¿Qué otros ejemplos de favores inverosímiles se encuentran?
12. ¿Cómo eran los dos últimos hijos de Clarisa?
13. ¿Qué significa «apuros financieros»?
14. ¿Qué hacía Clarisa para mantener a su familia?
15. ¿Por qué desconfiaba Clarisa de la televisión?
16. ¿Qué le sorprendió a Clarisa cuando fue a ver al Papa? ¿Cuál parece ser la actitud de Allende al mencionar los «vendedores de cirios, camisetas estampadas, policromías y santos de plástico» durante la visita del Papa?
17. Busque dos ejemplos del humor en el cuento.
18. ¿Si «acabar» significa «terminar», qué significa «inacabable»?
19. ¿A qué conclusión llega Ud. al leer que Diego Cienfuegos y los dos últimos hijos tenían «el mismo porte y perfil, la misma pausada seguridad, los mismos ojos sabios y manos firmes»?
20. ¿Cómo se justifica Clarisa al final con respecto a sus dos últimos hijos?

B. Escoja una de las siguientes actividades de escritura.

1. Escriba un reportaje de la muerte de Clarisa para el periódico.
2. Imagine y escriba un diálogo entre el marido de Clarisa y Diego Cienfuegos después de su muerte.
3. Escriba el diario de Clarisa después de conocer a Diego Cienfuegos.

C. Su profesor(a) leerá una conferencia. Luego de escucharla, conteste las siguentes preguntas.

1. ¿Qué fenómeno social aparece en la obra de Allende que jamás hubiera aparecido en la de Rojas?
2. En lugar del mar y el vapor como destino para el aventurero, ¿dónde busca aventuras el joven actual?
3. ¿En qué sentido es complejo el personaje de Clarisa?
4. ¿Qué elemento estilístico separa a Allende de Rojas?
5. ¿Según la conferencia, qué profesión está disponible para la mujer actual que no estaba disponible a principios del siglo XX?

Segunda Parte

Ensayo

Capítulo 14

El periodista español Julio Camba (1884–1962) escribió sobre la vida y las costumbres que observó durante sus viajes al extranjero. Sus ensayos se destacan por su sentido del humor. El ensayo presentado en este capítulo discute el tema del suicidio, pero también analiza la diferencia entre el carácter de los ingleses y el de los españoles.

El suicida inglés

Actividades de prelectura

A. Con un(a) compañero(a), conteste las siguientes preguntas.

1. ¿Es ilegal el suicidio? ¿Le parece lógico legislar contra el suicidio? ¿Qué castigo se le puede aplicar a un suicida?
2. ¿Tiene uno derecho a suicidarse? ¿Por qué o por qué no? ¿Debería haber excepciones?
3. ¿Si viera a una persona a punto de tirarse de un puente o edificio, trataría de pararlo?
4. ¿Le parece importante respetar la ley en todo caso? ¿Respeta siempre Ud. las leyes de tránsito? ¿Cree que se respetan de igual manera en todos los países?

B. Estudie el siguiente vocabulario y complete las oraciones con la palabra apropiada.

VOCABULARIO

aguantar soportar

castigo *m.* pena que se da por haber hecho algo malo o ilegal

concejal *m.* miembro de un consejo del gobierno

disfrutar gozar

entablar comenzar

estar conforme estar resignado, de acuerdo

irse de juerga irse de parranda, de fiesta

niebla *f.* nube en contacto con la Tierra

pantorrilla *f.* parte carnosa de la pierna, detrás de la rodilla

1. Me pongo muy deprimido cuando hay _____; prefiero los días soleados.

2. Muchos cubanos prefieren el clima de Miami; muchos dicen que no _____ el frío de Nueva York.

3. El _____ debe corresponder a la gravedad del crimen.

4. Si una persona es tímida, le resulta difícil _____ conversación con un desconocido.

5. Juan no se resigna a su vida; es decir, no está _____ con su situación.

Los periódicos discuten ahora si la gente tiene derecho a matarse o no. Desde luego, si la gente tiene derecho y razón para matarse en alguna parte del mundo, yo creo que debe tenerlos sobre todo en Londres, en este país de nieblas y de gente triste, del que decía Oscar Wilde: «No se sabe si son las nieblas las que producen los hombres tristes, o si son los hombres tristes los que producen las nieblas.» Precisamente, estos hombres tristes son los que se oponen a que la gente se mate. El suicida es casi siempre un optimista, un hombre al que la vida le parece muy alegre; pero que se considera incapacitado para disfrutar de ella, a veces por una enfermedad crónica, y otras —las más— por falta de dinero.

—Ya que personalmente no puedo disfrutar de esta vida tan agradable— se dice el optimista—, donde hay tantos bistecs con patatas y tantas admirables pantorrillas, lo mejor es que me mate.

Pero los hombres tristes se oponen:

—¡Eh! ¿Qué es eso de matarse? ¿Se cree usted que se puede uno matar como se va uno de juerga? No, señor. Aguántese usted, y viva.

Hay que vivir, no porque la vida sea divertida, sino por deber, por obligación, hasta por heroísmo; a lo menos éstas son las palabras que emplean los enemigos del suicidio, y al suicida le llaman cobarde.

En España o en Francia, y en cualquier lado del mundo, excepto Inglaterra, legislar contra el suicidio es perder completamente el tiempo. Se puede legislar; pero ¿cómo va a llevarse la legislación a la práctica? ¿Qué se le va a hacer al suicida una vez suicidado? Porque, en fin, no se es suicida como se es concejal o miembro del partido republicano; sólo se es suicida después de muerto, y el único castigo que se le puede imponer a un muerto por haberse suicidado es resucitarlo. Mientras no se pueda resucitar a los suicidas, será inútil legislar contra ellos.

Hay, claro está, los suicidas frustrados. Yo, por mi parte, los considero unos farsantes; pero supongámoslos sinceros en sus convicciones suicidas. Contra estos hombres sí es posible entablar una acción ejemplar. La más ejemplar de todas las penas, sin embargo, la pena de muerte, no sería para ellos una pena, sino el triunfo, la consagración legal de sus ideales. Es decir, sería una pena como falsos suicidas que los considero, pero no como suicidas auténticos, que es como debe considerarlos la justicia para combatir en ellos el suicidio.

Y por eso es inútil legislar contra el suicidio en todas partes.

En Inglaterra no. El suicida inglés respeta la ley. Puede no estar conforme con la vida, pero respeta la ley. Puede decidirse a separarse de la sociedad, a romper con la existencia, a desaparecer del mundo; pero como vea un cartel que diga: «Se prohibe suicidarse», el suicida inglés no se suicidará. ¡Envidiable país el que cuenta con tales suicidas!

(Julio Camba, «El suicida inglés» en «Obras completas», Tomo 1. Editorial Plus Ultra, Madrid.)

Actividades de poslectura

A. Con un(a) compañero(a) de clase, conteste las siguientes preguntas.

1. ¿Según Camba, por qué tienen razón los ingleses que quieren suicidarse?
2. ¿Por qué dice Camba que los suicidas son optimistas?
3. ¿Le parecen a Ud. cobardes los suicidas?
4. ¿Por qué es inútil legislar contra el suicidio en todas partes menos Inglaterra? ¿Por qué son diferentes los ingleses?
5. ¿Cómo es el tono de este ensayo?

B. Escoja una de las siguientes actividades de escritura.

1. Investigue el caso de Jack Kevorkian y escriba su opinión al respecto. Defienda sus ideas.
2. Entreviste a un inmigrante de un país hispano o a otra persona que haya vivido más de un año en Hispanoamérica sobre la cuestión del respeto a las leyes. Luego escriba un resumen de sus hallazgos, comparando las diferencias entre los Estados Unidos y el país del entrevistado.
3. Piense en un ensayista de habla inglesa que tenga un estilo semejante al de Camba. Escriba un ensayo comparando a ambos escritores.

Capítulo 15

Miguel de Unamuno (1864–1936) es uno de los gigantes de la literatura española. Se le considera uno de los líderes de la «generación del 98», un grupo de pensadores y escritores que se preocupó por la regeneración de España tras su derrota en la Guerra Hispanoamericana, que resultó en la pérdida de Cuba, Puerto Rico, Guam y las Filipinas por parte de España.

Unamuno fue nombrado rector de la Universidad de Salamanca, un puesto que perdió durante la Primera Guerra Mundial pero que volvió a ocupar después. La angustia existencialista le hizo sufrir de depresión, desesperación, pesadillas y pensamientos de suicidio. Era un individualista de carácter fuerte y apasionado. Se crió católico tradicional, pero pasó por varias crisis religiosas durante su vida. Su preocupación por su propia inmortalidad y el papel del cristianismo se refleja en su obra literaria. El ensayo que sigue demuestra su punto de vista de la religión en su vida.

Mi religión

Actividades de prelectura

A. Con un(a) compañero(a), conteste las siguientes preguntas.

1. ¿Practica Ud. una religión? ¿Es importante hacerlo?
2. ¿Cuál es la relación entre la razón y la fe religiosa?
3. ¿Cree Ud. que la ciencia excluye la idea de la existencia de un «ser supremo»?
4. ¿Cree Ud. en un lado espiritual de la vida?
5. ¿En qué consiste el movimiento literario del «modernismo»?

B. Estudie el siguiente vocabulario y complete las oraciones con la palabra apropiada.

VOCABULARIO

a campo raso   al aire libre

a sabiendas de   sabiendo

acudir   ir

albergarse   hospedarse, refugiarse

atenerse   adherirse

ateo *m.*   persona que no cree en Dios

barraca *f.*   choza, casa humilde

carcomido *adj.* roído, consumido

deleznable *adj.* débil

derribar echar a tierra, arruinar

derrota *f.* fracaso

dolo *m.* engaño

duradero *adj.* que dura mucho tiempo

elogiar expresar admiración por alguien o algo

empeño *m.* deseo vehemente

en lo sucesivo en el futuro

encasillar categorizar

enrevesada *adj.* al revés

escudriñar examinar minuciosamente

garambaina *f.* adorno afectado de mal gusto

holgazán *adj.* perezoso

inasequible *adj.* no alcanzable

irreflexivo *adj.* que no piensa

libre albedrío *m.* libertad de elección

menester *m.* necesidad

menguado *adj.* pobre, disminuido

mentecato *m.* tonto

mote *m.* apodo

necedad *f.* ignorancia

ojeriza *f.* enojo, mala voluntad

paralogismo *m.* razonamiento falso

plantear proponer o exponer cuestiones

polizonte *m.* policía

propender tener la tendencia

raciocinio *m.* uso de la razón

rendirse darse por vencido

terco *m.* obstinado

tirar a tener la tendencia a

volver a las andadas reincidir

---

1. Los padres del niño se desesperaron porque él _____ a pesar del castigo que le habían dado por su mala conducta.

2. En algunos países, los no-creyentes, o _____, están organizados políticamente.

3. Los pobres se ven obligados a vivir en _____ porque no tienen dinero para comprarse una casa más cómoda.

4. El público _____ al concierto con mucho entusiasmo.

5. Evita buscó apoyo para Perón entre los descamisados _____ que los obreros votarían por él.

6. Normalmente los izquierdistas _____ al socialismo y se oponen al capitalismo.

7. Durante la reunión del sindicato se _____ un problema difícil de resolver.

8. Los _____ no adelantan en sus estudios porque no quieren trabajar.

9. La perfección parece una meta _____.

10. Tienes que _____ a las leyes si quieres ser buen ciudadano.

11. No se puede solucionar todo mediante el _____; a veces hay que valerse del valor y la buena voluntad.

12. A los individualistas no les gusta que otros traten de _____ los, porque se consideran autosuficientes.

13. Si una casa está muy vieja, la tienen que _____ antes de construir otra en el mismo lugar.

14. Una persona _____ no acepta otros puntos de vista y pierde oportunidades de aprender.

15. Prefiero las cosas sencillas y prácticas a las _____ inútiles y pretenciosas.

16. El público _____ los cuadros del pintor porque eran estupendos.

ME escribe un amigo desde Chile diciéndome que se ha encontrado allí con algunos que, refiriéndose a mis escritos, le han dicho: «Y bien. En resumidas cuentas: ¿cuál es la religión de este señor Unamuno?» Pregunta análoga se me ha dirigido aquí varias veces. Y voy a ver si consigo, no contestarla, cosa que no pretendo, sino plantear algo mejor el sentido de la tal pregunta.

Tanto los individuos como los pueblos de espíritu perezoso— y cabe pereza espiritual con muy fecundas actividades de orden económico y de otros órdenes análogos—propenden al dogmatismo, sépanlo o no lo sepan: quiéranlo o no, proponiéndose o sin proponérselo. La pereza espiritual huye de la posición crítica o escéptica.

Escéptica, digo, pero tomando la voz «escepticismo» en su sentido etimológico y filosófico, porque escéptico no quiere decir el que duda, sino el que investiga y rebusca, por oposición al que afirma y cree haber hallado. Hay quien escudriña un problema y hay quien nos da una fórmula, acertada o no, como solución de él.

En el orden de la pura especulación filosófica. Es una precipitación el pedirle a uno soluciones dadas siempre que haya hecho adelantar el planteamiento de un problema. Cuando se lleva mal un largo cálculo, el borrar lo hecho y empezar de nuevo significa un no pequeño progreso. Cuando una casa amenaza ruina o se hace completamente inhabitable, lo que procede es derribarla, y no hay que pedir que se edifique otra sobre ella. Cabe, sí edificar la nueva con materiales de la vieja; pero es derribando antes ésta. Entre tanto, puede la gente albergarse en una barraca, si no tiene otra casa, o dormir a campo raso.

Y es preciso no perder de vista que para la práctica de nuestra vida rara vez tenemos que esperar a las soluciones científicas definitivas. Los hombres han vivido y viven sobre hipótesis y explicaciones muy deleznables y aun sin ellas. Para castigar al delincuente no se pusieron de acuerdo sobre si éste tenía o no libre albedrío, como para estornudar no reflexiona uno sobre el daño que puede hacerle el pequeño obstáculo en la garganta que le obliga al estornudo.

Los hombres que sostienen que de no creer en el castigo eterno del infierno serían malos, creo, en honor de ellos, que se equivocan. Si dejaran de creer en una sanción de ultratumba, no por eso se harían peores, sino que entonces buscarían otra justificación ideal a su conducta. El que, siendo bueno, cree en un orden trascendente, no tanto es bueno por creer en él cuanto que cree en él por ser bueno. Proposición ésta que habrá de parecer oscura o enrevesada, estoy de ello cierto, a los preguntones de espíritu perezoso.

«Y bien—se me dirá—: ¿cuál es tu religión?» Y yo responderé: «Mi religión es buscar la verdad en la vida y la vida en la verdad, aun a sabiendas de que no he de encontrarla mientras viva; mi religión es luchar incesante e incansablemente con el misterio; mi religión es luchar con Dios desde el romper del alba hasta el caer de la noche, como dicen que con Él luchó Jacob. No puedo transigir con aquello del Inconocible—o Incognoscible, como escriben los pedantes— ni con aquello otro de «de aquí no pasarás». Rechazo el eterno *ignorabimus*. Y, en todo caso, quiero trepar a lo inaccesible.»

«Sed perfectos como vuestro Padre que está en los cielos es perfecto», nos dijo el Cristo, y semejante ideal de perfección es, sin duda, inasequible. Pero nos puso lo inasequible como meta y término de nuestros esfuerzos. Y ello ocurrió, dicen los teólogos, con la gracia. Y yo quiero pelear mi pelea, sin cuidarme de la victoria. ¿No hay ejércitos y aun pueblos que van a una derrota segura? ¿No elogiamos a los que se dejaron matar peleando antes que rendirse? Pues ésta es mi religión.

Esos, los que me dirigen esa pregunta, quieren que les dé un dogma, una solución en que pueda descansar el espíritu en su pereza. Y ni esto quieren, sino que buscan poder encasillarme y meterme en uno de los cuadriculados en que colocan a los espíritus, diciendo de mí: «Es luterano, es calvinista, es católico, es ateo, es racionalista, es místico», o cualquier otro de estos motes, cuyo sentido claro desconocen, pero que les dispensa de pensar más. Y yo no quiero dejarme encasillar, porque yo, Miguel de Unamuno, como cualquier otro hombre que aspire a conciencia plena, soy especie única. «No hay enfermedades, sino enfermos», suelen decir algunos médicos, y yo digo que no hay opiniones, sino opinantes.

En el orden religioso apenas hay cosa alguna que tenga racionalmente resuelta, y como no la tengo, no puedo comunicarla lógicamente, porque sólo es lógico y transmisible lo racional. Tengo, sí, con el afecto, con el corazón, con el sentimiento, una fuerte tendencia al cristianismo, sin atenerme a dogmas especiales de esta o de aquella confesión cristiana. Considero cristiano a todo el que invoca con respeto y amor el nombre de Cristo, y me repugnan los ortodoxos, sean católicos o protestantes —éstos suelen ser tan intransigentes como aquéllos—, que niegan cristianismo a quienes no interpretan el Evangelio como ellos. Cristiano protestante conozco que niega el que los unitarios sean cristianos.

Confieso sinceramente que las supuestas pruebas racionales—la ontológica, la cosmológica, la ética, etcétera, etc. —de la existencia de Dios no me demuestran nada; que cuantas razones se quieren dar de que existe un Dios me parecen razones basadas en paralogismos y peticiones de principio. En esto estoy con Kant. Y siento, al tratar de esto, no poder hablar a los zapateros en términos de zapatería.

Nadie ha logrado convencerme racionalmente de la existencia de Dios, pero tampoco de su no existencia; los razonamientos de los ateos me parecen de una superficialidad y futileza mayores aún que los de sus contradictores. Y si creo en Dios, o, por lo menos, creo creer en Él, es, ante todo, porque quiero que Dios exista, y después, porque se me revela, por vía cordial, en el Evangelio y a través de Cristo y de la Historia. Es cosa de corazón.

Lo cual quiere decir que no estoy convencido de ello como lo estoy de que dos y dos hacen cuatro.

Si se tratara de algo en que no me fuera la paz de la conciencia y el consuelo de haber nacido, no me cuidaría acaso del problema; pero como en él me va mi vida toda interior y el resorte de toda mi acción, no puedo aquietarme con decir: «Ni sé ni puedo saber.» No sé, cierto es: tal vez no pueda saber nunca, pero «quiero» saber. Lo quiero, y basta.

Y me pasaré la vida luchando con el misterio y aun sin esperanza de penetrarlo, porque esa lucha es mi alimento y es mi consuelo. Sí, mi consuelo. Me he acostumbrado a sacar esperanza de la desesperación misma. Y no griten: «Paradoja», los mentecatos y los superficiales.

No concibo a un hombre culto sin esta preocupación, y espero muy poca cosa en el orden de la cultura—y cultura no es lo mismo que civilización— de aquellos que viven desinteresados del problema religioso en su aspecto metafísico y sólo lo estudian en su aspecto social o político. Espero muy poco para el enriquecimiento del tesoro espiritual del género humano de aquellos hombres o de aquellos que, por pereza mental, por superficialidad, por cientificismo, o por lo que sea, se apartan de las grandes y eternas inquietudes del corazón. No espero nada de los que dicen: «¡No se debe pensar en eso!» Espero menos aún de los que creen en un Cielo y un Infierno como aquel en que creíamos de niños, y espero todavía menos de los que afirman con la gravedad del necio: «Todo eso no son sino fábula y mitos; al que se muere lo entierran, y se acabó». Solo espero de los que ignoran, pero no se resignan a ignorar; de los que luchan sin descanso por la verdad y ponen su vida en la lucha misma más que en la victoria.

Y lo más de mi labor ha sido siempre inquietar a mis prójimos, removerles el poso del corazón, angustiarlos, si puedo. Lo dije ya en mi *Vida de Don Quijote y Sancho*, que es mi más extensa confesión a este respecto. Que busquen ellos como yo busco, que luchen como lucho yo, y entre todos algún pelo de secreto arrancaremos a Dios, y, por lo menos, esa lucha nos hará más hombres, hombres de más espíritu.

Para esta obra—obra religiosa—me ha sido menester, en pueblos como estos pueblos de lengua castellana, carcomidos de pereza y de superficialidad de espíritu, adormecidos en la rutina del dogmatismo católico o del dogmatismo librepensador o cientificista, me ha sido preciso aparecer unas veces impúdico e indecoroso; otras, duro y agresivo; no pocas, enrevesado y paradójico. En nuestra menguada literatura apenas se le oía a nadie gritar desde el fondo del corazón, descomponerse, clamar. El grito era casi desconocido. Los escritores temían ponerse en ridículo. Les pasaba y les pasa lo que a muchos que soportan en medio de la calle una afrenta por temor al ridículo de verse con el sombrero por el suelo y presos por un polizonte. Yo, no; cuando he sentido ganas de gritar, he gritado. Jamás me ha detenido el decoro. Y ésta es una de las cosas que menos me perdonan estos mis compañeros de pluma, tan comedidos, tan correctos, tan disciplinados hasta cuando predican la incorrección y la indisciplina. Los anarquistas literarios se cuidan, más que de otra cosa, de la estilística y de la sintaxis. Y cuando desentonan, lo hacen entonadamente; sus desacordes tiran a ser armónicos.

Cuando he sentido un dolor he gritado, y he gritado en público. Los salmos que figuran en mi volumen de *Poesías* no son más que gritos del corazón, con los cuales he buscado hacer vibrar las cuerdas dolorosas de los corazones de los demás. Si no tienen esas cuerdas, o si las tienen tan rígidas que no vibran, mi grito no resonará en ellas y declararán que eso no es poesía, poniéndose a examinarlo acústicamente. También se puede estudiar acústicamente el grito que lanza un hombre cuando ve caer muerto de repente a su hijo, y el que no tenga ni corazón ni hijos se queda en eso.

Esos salmos de mis *Poesías*, con otras varias composiciones que allí hay, son mi religión, y mí religión cantada y no expuesta lógica y razonadamente. Y la canto, mejor o peor, con la voz y el oído que Dios me ha dado, porque no la puedo razonar. Y el que vea raciocinio y lógica, y método y exégesis, más que vida, en esos mis versos, porque no hay en ellos faunos, dríades, silvanos, nenúfares, «absintios» (o sea ajenjos), ojos glaucos y otras garambainas más o menos modernistas, allá se quede con lo suyo, que no voy a tocarle el corazón con arco de violín ni con martillo.

De lo que huyo, repito, como de la peste, es de que me clasifiquen, y quiero morirme oyendo preguntar de mí a los holgazanes de espíritu que se paren alguna vez a oírme: «Y este señor, ¿qué es?» Los liberales o progresistas tontos me tendrán por reaccionario y acaso por místico, sin saber, por supuesto, lo que esto quiere decir, y los conservadores y reaccionarios tontos me tendrán por una especie de anarquista espiritual, y unos y otros, por un pobre señor afanoso de singularizarse y de pasar por original y cuya cabeza es una olla de grillos. Pero nadie debe cuidarse de lo que piensen de él los tontos, sean progresistas o conservadores, liberales o reaccionarios.

Y como el hombre es terco y no suele querer enterarse y acostumbra después que se le ha sermoneado cuatro horas volver a las andadas, los preguntones, si leen esto, volverán a preguntarme: Bueno: pero ¿qué soluciones traes?» Y yo, para concluir, les diré que si quieren soluciones acudan a la tienda de enfrente, porque en la mía no se vende semejante artículo. Mi empeño ha sido, es y será que los que me lean piensen y mediten en las cosas fundamentales, y no ha sido nunca el de darles pensamientos hechos. Yo he buscado siempre agitar, y a lo sumo, sugerir más que instruir. Ni yo vendo pan, ni es pan, sino levadura o fermento.

Hay amigos, y buenos amigos, que me aconsejan me deje de esta labor y me recoja a hacer lo que llaman una obra objetiva, «algo que sea, dicen, definitivo, algo de construcción, algo duradero». Quieren decir algo dogmático. Me declaro incapaz de ello y reclamo mi libertad, mi santa libertad, hasta la de contradecirme, si llega el caso. Yo no sé si algo de lo que he hecho o de lo que haga en lo sucesivo habrá de quedar por años o por siglos después que me muera; pero sé que si se da un golpe en el mar sin orillas, las ondas en derredor van sin cesar, aunque debilitándose. Agitar es algo. Si merced a esa agitación viene detrás otro que haga algo duradero, en ello durará mi obra.

Es obra de misericordia suprema despertar al dormido y sacudir al parado, y es obra de suprema piedad religiosa buscar la verdad en todo y descubrir dondequiera el dolo, la necedad y la inepcia.

Y sabe, pues, mi buen amigo el chileno lo que tiene que contestar a quien le pregunte cuál es mi religión. Ahora bien: si es uno de esos mentecatos que creen que guardo ojeriza a un pueblo o una patria cuando le he cantado las verdades a alguno de sus hijos irreflexivos, lo mejor que puede hacer es no contestarles.

Salamanca, 6 de noviembre de 1907.

(Miguel de Unamuno, «Mi religión» en «Ensayos», Tomo II. Aguilar, S.A. de Ediciones, Madrid; 1958.)

Actividades de poslectura

A. Con un(a) compañero(a), conteste las siguientes preguntas.

1. ¿Qué movió a Unamuno a escribir este ensayo?
2. ¿En qué consiste la religión de Unamuno?
3. ¿Para Unamuno, qué significa la palabra «escéptico»?
4. ¿Qué quiere decir una «sanción de ultratumba»?

5. ¿Cree Unamuno que uno puede cerciorarse de la existencia de Dios por medio de la razón?
6. ¿Qué preocupación siente una persona culta según Unamuno?
7. ¿Qué opina Unamuno de los creyentes que creen por hábito y de los que rechazan la idea de Dios sin buscar la verdad?
8. ¿Cuando Unamuno escribe de gritar «desde el fondo del corazón», qué imagen se nos presenta del autor?
9. ¿Cuál es el propósito de Unamuno al no ofrecerle soluciones al lector?
10. ¿Cuál es la actitud de Unamuno hacia las siguientes ideas? Diga si Unamuno rechaza la idea o la apoya.

    a. la pereza espiritual
    b. el dogmatismo
    c. las reglas
    d. la libertad
    e. luchar
    f. el escepticismo
    g. clasificar
    h. el libre albedrío
    i. los ortodoxos
    j. la reflexión
    k. el ateismo
    l. el espíritu
    m. la pasión
    n. el modernismo
    o. agitar*

    *Le agradezco a Pam Osborn de Heritage High School el haber compartido esta actividad conmigo.

B. Escoja una de las siguientes actividades de escritura.

    1. Escriba un ensayo defendiendo sus ideas sobre el tema de la religión.
    2. Escriba sobre la importancia de la tradición y de los ritos en la práctica de una religión.
    3. Si no considera importante investigar y buscar la verdad en asuntos «espirituales», respóndale a Unamuno y justifique su posición.

Capítulo 16

Octavio Paz (1914–1998), ganador del Premio Nóbel en el año 1990, escribió ensayos y poemas. Le sirvió a México como diplomático en la India y enseñó poesía contemporánea en la Universidad de Texas. Le interesaban los temas de la soledad y la búsqueda de la identidad. En la parte del ensayo que sigue, tomado de su libro «El laberinto de la soledad», se aprecia su interés en definir y explicar la reserva y el hermetismo del mexicano.

Máscaras mexicanas

(Fragmentos)

Actividades de prelectura

A. Con un(a) compañero(a) de clase, conteste las siguientes preguntas.

1. ¿Qué representan las máscaras y en qué ocasiones se usan?
2. ¿Qué quiere decir «el hermetismo» y qué implica como aspecto de una personalidad?
3. ¿Por qué les resulta difícil a algunos expresar sus emociones?
4. ¿En general, el mexicano te parece abierto o reservado? ¿Puedes dar algunos ejemplos para justificar tu opinión?
5. ¿Qué imagen tiene Ud. de la mujer mexicana?
6. Lea el primer párrafo. ¿Cuál es la idea principal?
7. ¿Quiénes eran Juárez y Cuauhtémoc y cómo se les ve como personas?

B. Estudie el siguiente vocabulario y complete las oraciones con la palabra apropiada.

VOCABULARIO

agacharse	inclinar o bajar una parte del cuerpo	**carecer**	faltar, no tener
ahinco *m.*	insistencia fuerte	**cicatrizar**	curarse, cerrarse una herida
ajeno *adj.*	perteneciente a otro	**conmover**	emocionar
anonadar	derribar, bajar	**cotidiano** *adj.*	diario
arisca *adj.*	áspera, brusca	**derramar**	dejar caer líquido
		derrota *f.*	fracaso

desnudez *f.*   estado de estar sin ropa puesta

desollado *adj.*   sin piel como protección

disimular   ocultar o encubrir algo que uno siente

encono *m.*   rencor

entereza *f.*   integridad

espuria *f.*   bastardo

Fulano *m.*   hombre que representa una persona indeterminada

hermetismo *m.*   acción de encerrarse y no dejar pasar a otro

hieratismo *m.*   postura solemne

hombría *f.*   calidad de hombre, masculinidad

imperar   dominar

infranqueable *adj.*   que no se puede sobrepasar

injuria *f.*   ofensa

intruso *m.*   persona que entra en un sitio sin derecho ni invitación

licenciado *m.*   graduado de la universidad

llaga *f.*   úlcera

matiz *m.*   pequeña diferencia entre dos cosas parecidas

mimetismo *m.*   reproducción maquinal de gestos, imitación

pudor *m.*   vergüenza, modestia

pulular   abundar

radicar   residir, consistir en

rajar   partir en rebanadas

recato *m.*   reserva

recelo *m.*   desconfianza

rozar   tocar ligeramente

simular   dar la apariencia de algo que no es

someter   reducir a la obediencia

ternura *f.*   sentimiento de amor y cariño

trocarse (ue)   cambiarse

OTRAS PALABRAS

muralla *f.*

1. Es importante ser _____ si quieres un trabajo profesional.

2. Es difícil saber lo que pasa en una mente _____ porque los pensamientos son de otro.

3. El derrumbe en el camino produjo un obstáculo _____ y no pudimos seguir adelante.

4. Los mexicanos celebran la _____ de las tropas francesas el cinco de mayo.

5. No puedo hacer el viaje porque _____ de fondos.

6. El gesto de acogerme con una bienvenida me _____ mucho y por poco lloro de alegría.

7. El candidato que perdió las elecciones _____ su desilusión y tristeza y felicitó a su adversario.

8. Es un hombre de una _____ admirable; siempre actúa honradamente.

9. Me asusté cuando entró el _____ en mi jardín porque creía que pensaba robar algo.

10. Por ser tan alto, Fulano _____ para no golpearse la cabeza con la rama del árbol.

11. El mendigo me pidió una limosna con tal _____ que no pude dejar de dársela.

12. La madre siempre trata a sus hijos con mucha _____ porque los quiere mucho.

13. La _____ es casi un sinónimo del machismo.

14. Muchos dictadores viven en un estado de _____ porque saben que pueden ser víctimas de la traición en cualquier momento.

15. El _____ no le conviene al ser humano porque dependemos unos de otros.

16. Se _____ la herida y ya no le duele.

17. El amo trató de _____ a su esclavo a pesar de su resistencia.

18. El valor de la obra _____ en su tema original.

19. Juan _____ el vino en el mantel y lo manchó.

20. Los _____ de gris de la pintura le dieron un tono triste.

Corazón apasionado
disimula tu tristeza
CANCIÓN POPULAR

VIEJO o adolescente, criollo o mestizo, general, obrero o licenciado, el mexicano se me aparece como un ser que se encierra y se preserva: máscara el rostro y máscara la sonrisa. Plantado en su arisca soledad, espinoso y cortés a un tiempo, todo le sirve para defenderse: el silencio y la palabra, la cortesía y el desprecio, la ironía y la resignación. Tan celoso de su intimidad como de la ajena, ni siquiera se atreve a rozar con los ojos al vecino: una mirada puede desencadenar la cólera de esas almas cargadas de electricidad. Atraviesa la vida como desollado; todo puede herirle, palabras y sospecha de palabras. Su lenguaje está lleno de reticencias, de figuras y alusiones, de puntos suspensivos; en su silencio hay repliegues, matices, nubarrones, arcoíris súbitos, amenazas indescifrables. Aun en la disputa prefiere la expresión velada a la injuria: «al buen entendedor pocas palabras». En suma, entre la realidad y su persona establece una muralla, no por invisible menos infranqueable, de impasibilidad y lejanía. El mexicano siempre está lejos, lejos del mundo y de los demás. Lejos también de sí mismo.

El lenguaje popular refleja hasta qué punto nos defendemos del exterior: el ideal de la «hombría» consiste en no «rajarse» nunca. Los que se «abren» son cobardes. Para nosotros, contrariamente a lo que ocurre con otros pueblos, abrirse es una debilidad o una traición. El mexicano puede doblarse, humillarse, «agacharse», pero no «rajarse», esto es, permitir que el mundo exterior penetre en su intimidad. El «rajado» es de poco fiar, un traidor o un hombre de dudosa fidelidad, que cuenta los secretos y es incapaz de afrontar los peligros como se debe. Las mujeres son seres inferiores porque, al entregarse, se abren. Su inferioridad es constitucional y radica en su sexo, en su «rajada», herida que jamás cicatriza.

El hermetismo es un recurso de nuestro recelo y desconfianza. Muestra que instintivamente consideramos peligroso al medio que nos rodea. Esta reacción se justifica si se piensa en lo que ha sido nuestra historia y en el carácter de la sociedad que hemos creado. La dureza y hostilidad del ambiente —y esa amenaza, escondida e indefinible, que siempre flota en el aire— nos obligan a cerrarnos al exterior, como esas plantas de la meseta que acumulan sus jugos tras una cáscara espinosa. Pero esta conducta, legítima en su origen, se ha convertido en un mecanismo que funciona solo, automáticamente. Ante la simpatía y la dulzura nuestra respuesta es la reserva, pues no sabemos si esos sentimientos son verdaderos o simulados. Y además, nuestra integridad masculina corre tanto peligro ante la benevolencia como ante la hostilidad. Toda abertura de nuestro ser entraña una dimisión de nuestra hombría.

Nuestras relaciones con los otros hombres también están teñidas de recelo. Cada vez que el mexicano se confía a un amigo o a un conocido, cada vez que se «abre», abdica. Y teme que el desprecio del confidente siga a su entrega. Por eso la confidencia deshonra y es tan peligrosa para el que la hace como para el que la escucha; no nos ahogamos en la fuente que nos refleja, como Narciso, sino que la cegamos. Nuestra cólera no se nutre nada más del temor de ser utilizados por nuestros confidentes —temor general a todos los hombres —sino de la vergüenza de haber renunciado a nuestra soledad. El que se confía, se enajena; «me he vendido con Fulano», decimos cuando nos confiamos a alguien que no lo merece. Esto es, nos hemos «rajado», alguien ha penetrado en el castillo fuerte. La distancia entre hombre y hombre, creadora del mutuo respeto y la mutua seguridad, ha desaparecido. No solamente estamos a merced del intruso, sino que hemos abdicado.

Todas estas expresiones revelan que el mexicano considera la vida como lucha, concepción que no lo distingue del resto de los hombres modernos. El ideal de hombría para otros pueblos consiste en una abierta y agresiva disposición al combate; nosotros acentuamos el carácter defensivo, listos a repeler el ataque. El «macho» es un ser hermético, encerrado en sí mismo, capaz de guardarse y guardar lo que se le confía. La hombría se mide por la invulnerabilidad ante las armas enemigas o ante los impactos del mundo exterior. El estoicismo es la más alta de nuestras virtudes guerreras y políticas. Nuestra historia está llena de frases y episodios que revelan la indiferencia de nuestros héroes ante el dolor o el peligro. Desde niños nos enseñan a sufrir con dignidad las derrotas, concepción que no carece de grandeza. Y si no todos somos estoicos e impasibles —como Juárez y Cuauhtémoc— al menos procuramos ser resignados, pacientes y sufridos. La resignación es una de nuestras virtudes populares. Más que el brillo de la victoria nos conmueve la entereza ante la adversidad.

La preeminencia de lo cerrado frente a lo abierto no se manifiesta sólo como impasibilidad y desconfianza, ironía y recelo, sino como amor a la Forma. Ésta contiene y encierra a la intimidad, impide sus excesos, reprime sus explosiones, la separa y aísla, la preserva. La doble influencia indígena y española se conjugan en nuestra predilección por la ceremonia, las fórmulas y el orden. El mexicano, contra lo que supone una superficial interpretación de nuestra historia, aspira a crear un mundo ordenado conforme a principios claros. La agitación y encono de nuestras luchas políticas prueba hasta qué punto las nociones jurídicas juegan un papel importante en nuestra vida pública. Y en la de todos los días el mexicano es un hombre que se esfuerza por ser formal y que muy fácilmente se convierte en formulista. Y es explicable. El orden —jurídico, social, religioso o artístico— constituye una esfera segura y estable. En su ámbito basta con ajustarse a los modelos y principios que regulan la vida; nadie, para manifestarse, necesita recurrir a la continua invención que exige una sociedad libre. Quizá nuestro tradicionalismo —que es una de las constantes de nuestro ser y lo que da coherencia y antigüedad a nuestro pueblo— parte del amor que profesamos a la Forma.

Las complicaciones rituales de la cortesía, la persistencia del humanismo clásico, el gusto por las formas cerradas en la poesía (el soneto y la décima, por ejemplo), nuestro amor por la geometría en las artes decorativas, por el dibujo y la composición en la pintura, la pobreza de nuestro Romanticismo frente a la excelencia de nuestro arte barroco, el formalismo de nuestras instituciones políticas y, en fin, la peligrosa inclinación que mostramos por las fórmulas —sociales, morales y burocráticas—, son otras tantas expresiones de esta tendencia de nuestro carácter. El mexicano no sólo no se abre; tampoco se derrama.

A veces las formas nos ahogan. Durante el siglo pasado los liberales vanamente intentaron someter la realidad del país a la camisa de fuerza de la Constitución de 1857. Los resultados fueron la Dictadura de Porfirio Díaz y la Revolución de 1910. En cierto sentido la historia de México, como la de cada mexicano, consiste en una lucha entre las formas y fórmulas en que se pretende encerrar a nuestro ser y las explosiones con que nuestra espontaneidad se venga. Pocas veces la Forma ha sido una creación original, un equilibrio alcanzado no a expensas sino gracias a la expresión de nuestros instintos y quereres. Nuestras formas jurídicas y morales, por el contrario, mutilan con frecuencia a nuestro ser, nos impiden expresarnos y niegan satisfacción a nuestros apetitos vitales . . .

Si en la política y el arte el mexicano aspira a crear mundos cerrados, en la esfera de las relaciones cotidianas procura que imperen el pudor, el recato y la reserva ceremoniosa. El pudor, que nace de la vergüenza ante la desnudez propia o ajena, es un reflejo casi físico entre nosotros. Nada más alejado de esta actitud que el miedo al cuerpo, característico de la vida norte-americana. No nos da miedo ni vergüenza nuestro cuerpo; lo afrontamos con naturalidad y lo vivimos con cierta plenitud —a la inversa de lo que ocurre con los puritanos. Para nosotros el cuerpo existe; da gravedad y límites a nuestro ser. Lo sufrimos y gozamos; no es un traje que estamos acostumbrados a habitar, ni algo ajeno a nosotros: somos nuestro cuerpo. Pero las miradas extrañas nos sobresaltan, porque el cuerpo no vela intimidad, sino la descubre. El pudor, así, tiene un carácter defensivo, como la muralla china de la cortesía o las cercas de órganos y cactos que separan en el campo a los jacales de los campesinos. Y por eso la virtud que más estimamos en las mujeres es el recato, como en los hombres la reserva. Ellas también deben defender su intimidad.

Sin duda en nuestra concepción del recato femenino interviene la vanidad masculina del señor —que hemos heredado de indios y españoles. Como casi todos los pueblos, los mexicanos consideran a la mujer como un instrumento, ya de los deseos del hombre, ya de los fines que le asignan la ley, la sociedad o la moral. Fines, hay que decirlo, sobre los que nunca se le ha pedido su consentimiento y en cuya realización participa sólo pasivamente, en tanto que «depositaria» de ciertos valores. Prostituta, diosa, gran señora, amante, la mujer trasmite o conserva, pero no crea, los valores y energías que le confían la naturaleza o la sociedad. En un mundo hecho a la imagen de los hombres, la mujer es sólo un reflejo de la voluntad y querer masculinos. Pasiva, se convierte en diosa, amada, ser que encarna los elementos estables y antiguos del universo: la tierra, madre y virgen; activa, es siempre función, medio, canal. La feminidad nunca es un fin en sí mismo, como lo es la hombría.

En otros países estas funciones se realizan a la luz pública y con brillo. En algunos se reverencia a las prostitutas o a las vírgenes; en otros, se premia a las madres; en casi todos, se adula y respeta a la gran señora. Nosotros preferimos ocultar esas gracias y virtudes. El secreto debe acompañar a la mujer. Pero la mujer no sólo debe ocultarse sino que, además, debe ofrecer cierta impasibilidad sonriente al mundo exterior. Ante el escarceo erótico, debe ser «decente»; ante la adversidad, «sufrida». En ambos casos su respuesta no es instintiva ni personal, sino conforme a un modelo genérico. Y ese modelo, como en el caso del «macho», tiende a subrayar los aspectos defensivos y pasivos, en una gama que va desde el pudor y la «decencia» hasta el estoicismo, la resignación y la impasibilidad.

La herencia hispanoárabe no explica completamente esta conducta. La actitud de los españoles frente a las mujeres es muy simple y se expresa, con brutalidad y concisión, en dos refranes: «la mujer en casa y con la pata rota» y «entre santa y santo, pared de cal y canto». La mujer es una fiera doméstica, lujuriosa y pecadora de nacimiento, a quien hay que someter con el palo y conducir con el «freno de la religión». De ahí que muchos españoles consideren a las extranjeras —y especialmente a las que pertenecen a países de raza o religión diversas a las suyas— como presa fácil. Para los mexicanos la mujer es un ser oscuro, secreto y pasivo. No se le atribuyen malos instintos: se pretende que ni siquiera los tiene. Mejor dicho, no son suyos sino de la especie; la mujer encarna la voluntad de la vida, que es por esencia impersonal, y en este hecho radica su imposibilidad de tener una vida personal. Ser ella misma, dueña de su deseo, su pasión o su capricho, es ser infiel a sí misma. Bastante más libre y pagano que el español —como heredero de las grandes religiones naturalistas precolombinas— el mexicano no condena al mundo natural. Tampoco el amor sexual está teñido de luto y horror, como en España. La peligrosidad no radica en el instinto sino en asumirlo personalmente. Reaparece así la idea de pasividad: tendida o erguida, vestida o desnuda, la mujer nunca es ella misma. Manifestación indiferenciada de la vida, es el canal del apetito cósmico. En este sentido, no tiene deseos propios.

Las norteamericanas proclaman también la ausencia de instintos y deseos, pero la raíz de su pretensión es distinta y hasta contraria. La norteamericana oculta o niega ciertas partes de su cuerpo —y, con más frecuencia, de su psiquis: son inmorales y, por lo tanto, no existen. Al negarse, reprime su espontaneidad. La mexicana simplemente no tiene voluntad. Su cuerpo duerme y sólo se enciende si alguien lo despierta. Nunca es pregunta, sino respuesta, materia fácil y vibrante que la imaginación y la sensualidad masculina esculpen. Frente a la actividad que despliegan las otras mujeres, que desean cautivar a los hombres a través de la agilidad de su espíritu o del movimiento de su cuerpo, la mexicana opone un cierto hieratismo, un reposo hecho al mismo tiempo de espera y desdén. El hombre revolotea a su alrededor, la festeja, la canta, hace caracolear su caballo o su imaginación. Ella se vela en el recato y la inmovilidad. En su ídolo. Como todos los ídolos, es dueña de fuerzas magnéticas, cuya eficacia y poder crecen a medida que el foco emisor es más pasivo y secreto. Analogía cósmica: la mujer no busca, atrae. Y el centro de su atracción es su sexo, oculto, pasivo. Inmóvil sol secreto.

Esta concepción —bastante falsa si se piensa que la mexicana es muy sensible e inquieta— no la convierte en mero objeto, en cosa. La mujer mexicana, como todas las otras, es un símbolo que representa la estabilidad y continuidad de la raza. A su significación cósmica se alía la social: en la vida diaria su función consiste en hacer imperar la ley y el orden, la piedad y la dulzura. Todos cuidamos que nadie «falte al respeto a las señoras», noción universal, sin duda, pero que México se lleva hasta sus últimas consecuencias. Gracias a ella se suavizan muchas de las asperezas de nuestras relaciones de «hombre a hombre». Naturalmente habría que preguntar a las mexicanas su opinión; ese "respeto" es a veces una hipócrita manera de sujetarlas e impedirles que se expresen. Quizá muchas preferirían ser tratadas con menos «respeto» (que, por lo demás, se les concede solamente en público) y con más como símbolos o funciones. Pero, ¿cómo vamos a consentir que ellas se expresen, si toda nuestra vida tiende a paralizarse en una máscara que oculte nuestra intimidad?

Ni la modestia propia, ni vigilancia social, hacen invulnerable a la mujer. Tanto por la fatalidad de su anatomía «abierta» como por su situación social —depositaria de la honra, a la española— está expuesta a toda clase de peligros, contra los que nada pueden la moral personal ni la protección masculina. El mal radica en ella misma; por naturaleza es un ser «rajado», abierto. Mas, en virtud de un mecanismo de compensación fácilmente explicable, se hace virtud de su flaqueza original y se crea el mito de la «sufrida mujer mexicana». El ídolo —siempre vulnerable, siempre en trance de convertirse en ser humano— se transforma en víctima, pero en víctima endurecida e insensible al sufrimiento, encallecida a fuerza de sufrir. (Una persona «sufrida» es menos sensible al dolor que las que apenas si han sido tocadas por la adversidad.) Por obra del sufrimiento, las mujeres se vuelven como las hombres: invulnerables, impasibles y estoicas.

Se dirá que al transformar en virtud algo que debería ser motivo de vergüenza, sólo pretendemos descargar nuestra conciencia y encubrir con una imagen una realidad atroz. Es cierto, pero también lo es que al atribuir a la mujer la misma invulnerabilidad a que aspiramos, recubrimos con una inmunidad moral su fatalidad anatómica, abierta al exterior. Gracias al sufrimiento, y a su capacidad para resistirlo sin protesta, la mujer trasciende su condición y adquiere los mismos atributos del hombre.

Es curioso advertir que la imagen de la «mala mujer» casi siempre se presenta acompañada de la idea de actividad. A la inversa de la «abnegada madre», de la «novia que espera» y del ídolo hermético, seres estáticos, la «mala» va y viene, busca a los hombres, los abandona. Por un mecanismo análogo al descrito más arriba, su extrema movilidad la vuelve invulnerable. Actividad e impudicia se alían en ella y acaban por petrificar su alma. La «mala» es dura, impía, independiente, como el «macho». Por caminos distintos, ella también trasciende su fisiología y se cierra al mundo.

El significativo, por otra parte, que el homosexualismo masculino sea considerado con cierta indulgencia, por lo que toca al agente activo. El pasivo, al contrario, es un ser degradado y abyecto. El juego de los «albures» —esto es, el combate verbal hecho de alusiones obscenas y de doble sentido, que tanto se practica en la ciudad de México— transparenta esta ambigua concepción. Cada uno de los interlocutores, a través de trampas verbales y de ingeniosas combinaciones lingüísticas, procura anonadar a su adversario; el vencido es el que no puede contestar, el que se traga las palabras de su enemigo. Y esas palabras están teñidas de alusiones sexualmente agresivas; el perdidoso es poseído, violado, por el otro. Sobre él caen las burlas y escarnios de los espectadores. Así pues, el homosexualismo masculino es tolerado, a condición de que se trate de una violación de agente pasivo. Como en el caso de las relaciones heterosexuales, lo importante es «no abrirse» y, simultáneamente, rajar, herir al contrario.

Me parece que todas estas actitudes, por diversas que sean sus raíces, confirman el carácter «cerrado» de nuestras reacciones frente al mundo o frente a nuestros semejantes. Pero no nos bastan los mecanismos de preservación y defensa. La simulación, que no acude a nuestra pasividad, sino que exige una invención activa y que se recrea a sí misma a cada instante, es una de nuestras formas de conducta habituales. Mentimos por placer y fantasía, sí, como todos los pueblos imaginativos, pero también para ocultarnos y ponernos al abrigo de intrusos. La mentira posee una importancia decisiva en nuestra vida cotidiana, en la política, el amor, la amistad. Con ella no pretendemos nada más engañar a los demás, sino a nosotros mismos. De ahí su fertilidad y lo que distingue a nuestras mentiras de las groseras invenciones de otros pueblos. La mentira es un juego trágico, en el que arriesgamos parte de nuestro ser. Por eso es estéril su denuncia.

El simulador pretende ser lo que no es. Su actividad reclama una constante improvisación, un ir hacia adelante siempre, entre arenas movedizas. A cada minuto hay que rehacer, recrear, modificar el personaje que fingimos, hasta que llega un momento en que realidad y apariencia, mentira y verdad, se confunden. De tejido de invenciones para deslumbrar al prójimo, la simulación se trueca en una forma superior, por artística, de la realidad. Nuestras mentiras reflejan, simultáneamente, nuestras carencias y nuestros apetitos, lo que no somos y lo que deseamos ser . . .

En todos los tiempos y en todos los climas las relaciones humanas —y especialmente las amorosas— corren el riesgo de volverse equívocas. Narcisismo y masoquismo no son tendencias exclusivas del mexicano. Pero es notable la frecuencia con que canciones populares, refranes y conductas cotidianas aluden al amor como falsedad y mentira. Casi siempre eludimos los riesgos de una relación desnuda a través de una exageración, en su origen sincera, de nuestros sentimientos. Asimismo, es revelador cómo el carácter combativo del erotismo se acentúa entre nosotros y se encona. El amor es una tentativa de penetrar en otro ser, pero sólo puede realizarse a condición de que la entrega sea mutua. En todas partes es difícil este abandono de sí mismo; pocos coinciden en la entrega y más pocos aún logran trascender esa etapa posesiva y gozar del amor como lo que realmente es: un perpetuo descubrimiento, una inmersión en las aguas de la realidad y una recreación constante. Nosotros concebimos el amor como conquista y como lucha. No se trata tanto de penetrar la realidad, a través de un cuerpo, como de violarla. De ahí que la imagen del amante afortunado —herencia, acaso, del Don Juan español— se confunda con la del hombre que se vale de sus sentimientos —reales o inventados— para obtener a la mujer.

La simulación es una actividad parecida a la de los actores y puede expresarse en tantas formas como personajes fingimos. Pero el actor, si lo es de veras, se entrega a su personaje y lo encarna plenamente, aunque después, terminada la representación, lo abandone como su piel la serpiente. El simulador jamás se entrega y se olvida de sí, pues dejaría de simular si se fundiera con su imagen. Al mismo tiempo, esa ficción se convierte en una parte inseparable —y espuria— de su ser: está condenado a representar toda su vida, porque entre su personaje y él se ha establecido una complicidad que nada puede romper, excepto la muerte o el sacrificio. La mentira se instala en su ser y se convierte en el fondo último de su personalidad.

Simular es inventar o, mejor, aparentar y así eludir nuestra condición. La disimulación exige mayor sutileza: el que disimula no representa, sino que quiere hacer invisible, pasar desapercibido —sin renunciar a su ser—. El mexicano excede en el disimulo de sus pasiones y de sí mismo. Temeroso de la mirada ajena, se contrae, se reduce, se vuelve sombra y fantasma, eco. No camina, se desliza; no propone, insinúa; no replica, rezonga; no se queja, sonríe; hasta cuando canta —si no estalla y se abre el pecho— lo hace entre dientes y a media voz, disimulando su cantar:

Y es tanta la tiranía
de esta disimulación
que aunque de raros anhelos
se me hincha el corazón,
tengo miradas de reto
y voz de resignación.

Quizá el disimulo nació durante la Colonia. Indios y mestizos tenían, como en el poema de Reyes, que cantar quedo, pues «entre dientes mal se oyen palabras de rebelión». El mundo colonial ha desaparecido, pero no el temor, la desconfianza y el recelo. Y ahora no solamente disimulamos nuestra cólera sino nuestra ternura. Cuando pide disculpas, la gente del campo suele decir «Disimule usted, señor». Y disimulamos. Nos disimulamos con tal ahínco que casi no existimos . . .

No sólo nos disimulamos a nosotros mismos y nos hacemos transparentes y fantasmales; también disimulamos la existencia de nuestros semejantes. No quiero decir que los ignoremos o los hagamos menos, actos deliberados y soberbios. Los disimulamos de manera más definitiva y radical: los ninguneamos. El ninguneo es una operación que consiste en hacer de Alguien, Ninguno. La nada de pronto se individualiza, se hace cuerpo y ojos, se hace Ninguno.

Don Nadie, padre español de Ninguno, posee don, vientre, honra, cuenta en el banco y habla con voz fuerte y segura. Don Nadie llena al mundo con su vacía y vocinglera presencia. Está en todas partes y en todos los sitios tiene amigos. Es banquero, embajador, hombre de empresa. Se pasea por todos los salones, lo condecoran en Jamaica, en Estocolmo y en Londres. Don Nadie es funcionario o influyente y tiene una agresiva y engreída manera de no ser. Ninguno es silencioso y tímido, resignado. Es sensible e inteligente. Sonríe siempre. Espera siempre. Y cada vez que quiere hablar, tropieza con un muro de silencio; si saluda encuentra una espalda glacial; si suplica, llora o grita, sus gestos y gritos se pierden en el vacío que don Nadie crea con su vozarrón. Ninguno no se atreve a no ser: oscila, intenta una vez y otra vez ser Alguien. Al fin, entre vanos gestos, se pierde en el limbo de donde surgió.

Sería un error pensar que los demás le impiden existir. Simplemente disimulan su existencia, obran como si no existiera. Lo nulifican, lo anulan, lo ningunean. Es inútil que Ninguno hable, publique libros, pinte cuadros, se ponga de cabeza. Ninguno es la ausencia de nuestras miradas, la pausa de nuestra conversación, la reticencia de nuestro silencio. Es el nombre que olvidamos siempre por una extraña fatalidad, el eterno ausente, el invitado que no invitamos, el hueco que no llenamos. Es una omisión. Y sin embargo, Ninguno está presente siempre. Es nuestro secreto, nuestro crimen y nuestro remordimiento. Por eso el Ninguneador también se ninguna; él es la omisión de Alguien. Y si todos somos Ninguno, no existe ninguno de nosotros. El círculo se cierra y la sombra de Ninguno se extiende sobre México . . .

(Octavio Paz, «Máscaras mexicanas» (Fragmentos) en «El laberinto de la soledad». Fondo de Cultura Económica. México, D.F.; 1953.)

Actividades de poslectura

A. En grupos pequeños, conteste las siguientes preguntas.

1. ¿Cuál es la función de la muralla «entre la realidad y su persona»? ¿Qué es lo que quiere defender el mexicano?

2. En el segundo párrafo, Paz escribe que el mexicano no puede «rajarse». Según él, ¿en qué consiste «rajarse»? ¿Por qué se le considera traidor al «rajado»?

3. ¿Con qué característica del mexicano compara Paz la «cáscara espinosa» de las plantas de la meseta? ¿Cómo explica que la integridad masculina del mexicano «corre tanto peligro ante la benevolencia como ante la hostilidad»?

4. ¿Qué quiere decir, «me he vendido con Fulano»? ¿Por qué cree el mexicano que conviene más distancia entre hombre y hombre?

5. El escritor dice que el «macho» mexicano, a diferencia de otros hombres modernos, es un ser hermético. ¿Por qué es así, según Paz?

6. Según el contexto, ¿qué representa la «Forma» para Paz y por qué la busca el mexicano?

7. Explique la oración: «El mexicano no sólo no se abre; tampoco se derrama».

8. ¿Para qué se usa generalmente una «camisa de fuerza»? ¿En qué sentido emplea Paz esta expresión y cuáles fueron los resultados históricos?

9. ¿Según Paz, qué diferencia existe entre el mexicano y el norteamericano con respecto a su actitud hacia el cuerpo humano?

10. ¿Qué se espera de la mujer mexicana en cuanto a su conducta sexual? ¿Según Paz, qué diferencia hay entre la mujer española y la mexicana?

11. ¿Qué efecto del sufrimiento en las mujeres las hace parecerse a los hombres?

12. ¿Qué papel tiene la mentira en la vida del mexicano?

13. ¿Cómo conciben el amor los mexicanos?

14. ¿Qué comparación hace el autor entre la serpiente y el actor?

15. Explique en sus propias palabras esta cita: «El mexicano excede en el disimulo de sus pasiones y de sí mismo». Dé algunos ejemplos de ese disimulo.

16. ¿En qué sentido son diferentes Don Nadie y Ninguno, descritos en el penúltimo párrafo? ¿Cuál de los dos predomina en México?

B. Escoja una de las siguientes actividades de escritura.

1. Entreviste a un mexicano y pregúntele cuál es su concepto de la masculinidad, del amor y de la mujer ideal. Escriba un resumen de la entrevista.

2. Si cree que existen las «máscaras norteamericanas», escriba un ensayo y descríbalas.

3. Describa al mexicano representado en el ensayo de Paz. Incluya sobre todo su interacción con otras personas.

C. Su profesor leerá una conferencia. Luego de escucharla, conteste las siguientes preguntas.

1. ¿Qué dos características del ensayo lo hacen un género más difícil de leer?

2. ¿Qué clase de lenguaje se emplea en un ensayo?

3. ¿Cuál es el propósito del ensayista?

4. Dé un ejemplo del valor del ensayo como género literario en la historia.

5. ¿Por qué motivo se lee un ensayo?

Tercera Parte

Poesía

Introducción a la poesía

La poesía es una composición de palabras en verso rítmico, a veces con rima; esas palabras expresan ideas o emociones con un estilo más concentrado y poderoso que el lenguaje ordinario. Es un género más conciso, con aspectos musicales como el ritmo y sonidos que contribuyen armoniosamente a reforzar la idea o el tono del poema. Cada palabra ha sido seleccionada cuidadosamente por el efecto que produce. Por lo tanto, es importante saber el significado de cada palabra, lo cual no tiene tanta importancia al leer la prosa. Por eso, lo primero que se debe hacer es buscar el significado de las palabras desconocidas e investigar las alusiones a figuras históricas, mitológicas o literarias.

A diferencia de la prosa, una composición poética debe leerse varias veces en voz alta para poder apreciar sus aspectos musicales. También es importante comprender la sintaxis del poema, ya que a veces los poetas invierten el orden de las palabras. Hay que tomar en cuenta la presentación visual de los versos, estrofas y puntuación, ya que éstos contribuyen al tema y al tono del poema.

El propósito del autor también influye mucho al considerar el tono. ¿Quiere el poeta contarnos una historia, conmovernos, expresar una visión de la vida, enseñarnos algo, quejarse, divertirse, desahogarse o sencillamente describir algo hermoso? Dependiendo de su propósito, el tono puede ser íntimo, irónico, nostálgico, liviano, didáctico o elevado.

Al analizar el poema, el lector debe estudiar el lenguaje y las técnicas estilísticas del poeta. Hay que preguntarse por qué el autor usa lenguaje elevado o corriente y qué tipo de palabras predominan. El uso de personificación, metáforas, imágenes, símbolos y repetición enriquece el mensaje del poema.

Antes de iniciar la lectura de los poemas en esta sección, conviene aprender un poco sobre la versificación española.

En español cada línea de un poema se llama un **verso** y el conjunto de versos seguidos se llama una **estrofa.** En inglés los versos se miden en pies, pero en español se miden a base de sílabas. Hay tres clases de versos: **llano, agudo** y **esdrújulo**; se clasifican así porque los versos terminan con una palabra llana, aguda o esdrújula y eso afecta el cómputo de sílabas. En una palabra llana, el acento tónico cae en la penúltima sílaba: *casa, triste, brisas*; en una palabra aguda, el acento cae en la última sílaba: *hablar, feliz*; en una palabra esdrújula, en la antepenúltima sílaba: *lágrimas, última*. Cuando es verso agudo se añade una sílaba al computar el número de sílabas, y cuando es verso esdrújulo, se cuenta una sílaba menos. Observe los siguientes ejemplos:

VERSO LLANO:	**Los Estados Unidos son potentes y grandes**	(14 sílabas)
VERSO AGUDO:	**Cuando ellos se estremecen hay un hondo temblor**	(13 sílabas + 1)
VERSO ESDRÚJULO:	**a tu espada frenética**	(8 sílabas – 1)

En adición al tipo de verso, otro factor que afecta el cómputo de sílabas es la **sinalefa** o unión de vocales entre palabras. Por ejemplo, «cuando ellos» consiste en tres sílabas (cuan/doe/llos); «se estremecen» consiste en cuatro (sees/tre/me/cen) y «tu espada» consiste en tres (tues/pa/da). El fenómeno contrario, la separación de las vocales de un diptongo, se llama **diéresis** o **hiato** cuando ocurre entre palabras.

Los versos más frecuentes consisten en siete sílabas (heptasílabo), ocho sílabas (octosílabo), once sílabas (endecasílabo) o catorce sílabas (alejandrino), siendo más popular el octosílabo.

La rima se clasifica en español como **consonante** o **asonante**. Cuando las vocales y las consonantes a partir de la última vocal acentuada tienen un sonido igual es consonante:

VERSO	RIMA
Este, que ves, engaño colorido,	a
que del arte ostentando los primores,	b
con falsos silogismos de colores	b
es cauteloso engaño del sentido.	a

Hay rima consonante entre el primer y cuarto verso y entre el segundo y tercero. Un ejemplo de rima asonante, en que solamente son iguales las vocales, sigue:

La luna vino a la fragua
con su polisón de nardos.
El niño la mira, mira.
El niño la está mirando.

La rima asonante se encuentra en los versos pares.

Los poemas se clasifican según la estructura de sus estrofas o versos. Un **soneto** consiste en catorce versos (normalmente endecasílabos) estructurados en dos cuartetos y dos tercetos que riman. Los dos cuartetos plantean una cuestión y los dos tercetos responden o resuelven esa cuestión. La **redondilla** es una estrofa de versos octosílabos con una esquema de rima *abba*. El **romance** tiene versos octosílabos con asonancia en los versos pares. El número de versos varía. Un poema de **verso libre** no tiene necesariamente estrofas, ni rima, ni medida de versos. El valor lírico reside en las imágenes, el lenguaje, las ideas expresadas y la estructura interna de la obra. Hay otros tipos de poemas, pero éstos son los más importantes para estudiar los poemas a continuación.

Los siguientes términos retóricos son útiles para analizar un poema:

aliteración   repetición de sonidos iniciales de palabras sucesivas

anáfora   repetición de palabras al comienzo de cada verso

antítesis   figura en que se contraponen dos palabras de significación contraria, como *Dios y el diablo*

apóstrofe   invocación en que el escritor se dirige con vehemencia a alguien presente o ausente o a sí mismo

arte mayor   versos de más de ocho sílabas

arte menor   versos de ocho sílabas o menos

encabalgamiento   el fenómeno de continuar la oración que comenzó en un verso en el verso siguiente

estribillo   versos que se repiten al final de cada estrofa en algunos poemas

hipérbaton   alteración del orden normal de palabras en una frase

hipérbole   exageración de las características de una persona o cosa

metáfora   comparación de dos objetos, llamando uno por otro: *las perlas del rocío*

metonimia   tropo en que se designa una cosa por su origen: *comprar un Van Gogh*

oda   poema lírico de tono elevado, de temas y métrica variados

onomatopeya   recurso poético para sugerir el significado de una cosa por el sonido de la palabra: *susurro*

paradoja   contradicción aparente que puede tener un aspecto de verdad

personificación   figura que atribuye características humanas a animales o cosas inanimadas

símil   comparación entre dos cosas empleando la palabra *como* o *cual*

sinécdoque   figura en que se extiende el significado de una palabra, mencionando una parte pero dándose a entender toda la especie: *el hombre* por *toda la especie humana*

sinestesia   combinación de dos sentidos para describir algo: *azul frío*

Capítulo 17

El español Juan Ramón Jiménez (1881–1958) fue uno de los poetas más famosos del siglo XX. A raíz de la guerra civil de 1936, salió de España y vivió en los Estados Unidos, Cuba y Puerto Rico, donde murió en 1958 después de haber recibido el premio Nóbel en 1956. Sus obras exhiben musicalidad, un sentimiento melancólico y elementos visuales de carácter impresionista. Las selecciones siguientes vienen de «Platero y yo», una obra de prosa poética publicada en 1914. La obra evoca los recuerdos de un burro de la niñez del escritor. Se apreciará lo difícil que es clasificar esta obra, ya que no es ni cuento, ni ensayo, ni poesía en el sentido más típico de la palabra.

Platero y yo

(Fragmentos)

A. Con un(a) compañero(a) estudie el vocabulario y conteste las preguntas luego de leer el poema.

VOCABULARIO

azabache *m.*   mineral negro lustroso
hocico *m.*   boca y narices de un animal
prado *m.*   tierra llana con hierba

OTRAS PALABRAS

escarabajo *m.*

Platero

PLATERO es pequeño, peludo, suave; tan blando por fuera, que es diría todo de algodón, que no lleva huesos. Sólo los espejos de azabache de sus ojos son duros cual dos escarabajos de cristal negro.

Lo dejo suelto, y se va al prado, y acaricia tibiamente con su hocico, rozándolas apenas, las florecillas rosas, celestes y gualdas . . . Lo llamo dulcemente:

«¿Platero?» y viene a mí con un trotecillo alegre que parece que se ríe en no sé qué cascabeleo ideal . . .

Come cuanto le doy. Le gustan las naranjas, mandarinas, las uvas moscateles, todas de ámbar, los higos morados, con su cristalina gotita de miel . . .

Es tierno y mimoso igual que un niño, que una niña . . .; pero fuerte y seco por dentro, como de piedra. Cuando paseo sobre él, los domingos, por las últimas callejas del pueblo, los hombres del campo vestidos de limpio y despaciosos se quedan mirándolo:

—Tiene acero . . .

Tiene acero. Acero y plata de luna al mismo tiempo.

PREGUNTAS

1. Dibuje a Platero.
2. ¿Qué implica el escritor al decir que Platero tiene «acero y plata de luna, al mismo tiempo»?

Paisaje grana

B. Con un(a) compañero(a) estudie el vocabulario y conteste las preguntas luego de leer el poema.

VOCABULARIO

crepúsculo *m.*   claridad al comienzo del día
cumbre *f.*   pico
manso *adj.*   benigno, suave
ocaso *m.*   puesta del sol
paraje *m.*   lugar

LA CUMBRE. Ahí está el ocaso, todo empurpurado, herido por sus propios cristales, que le hacen sangre por doquiera. A su esplendor, el pinar verde se agria; vagamente enrojecido; y las hierbas y las florecillas, encendidas y transparentes, embalsaman el instante sereno de una esencia mojada penetrante y luminosa.

Yo me quedo extasiado en el crepúsculo. Platero, granas de ocaso sus ojos negros, se va, manso, a un charco de aguas de carmín, de rosa, de violeta, hunde suavemente su boca en los espejos, que parece que se hacen líquidos al tocarlos él; y hay por su enorme garganta como un pasar profundo de umbrías aguas de sangre.

El paraje es conocido, pero el momento lo trastorna y lo hace extraño, ruinoso y monumental. Se dijera, a cada instante, que vamos a descubrir un palacio abandonado . . . La tarde se prolonga más allá de sí misma, y la hora, contagiada de eternidad, es infinita, pacífica, insondable . . .

—Anda, Platero . . .

PREGUNTAS

1. ¿Qué clase de arte sería el primer párrafo si fuera una pintura?
2. ¿Qué son en realidad los «espejos» de que escribe el autor?

Alegría

C. Con un(a) compañero(a) estudie el vocabulario y conteste las preguntas luego de leer el poema.

VOCABULARIO

balar hacer sonido una cabra u oveja
embestir atacar
espadaña *f.* planta cuyas hojas se emplean para hacer esteras
rebuzno *m.* sonido, voz del asno o burro
rodar dar vueltas
testuz *f.* la frente de ciertos animales
topar dar con la cabeza

PLATERO juega con Diana, la bella perra blanca que se parece a la luna creciente; con la vieja cabra gris, con los niños . . .

Salta Diana, ágil y elegante, delante del burro, sonando su leve campanilla, y hace como que le muerde los hocicos. Y Platero, poniendo las orejas en punta, cual dos cuernos de pita, la embiste blandamente y la hace rodar sobre la hierba en flor.

La cabra va al lado de Platero, rozándose a sus patas, tirando con los dientes de la punta de las espadañas de la carga. Con una clavellina o con una margarita en la boca se pone frente a él, le topa en el testuz y brinca luego, y bala alegremente, mimosa igual que una mujer . . .

Entre los niños, Platero es de juguete. ¡Cómo va despacito, deteniéndose, haciéndose el tonto, para que ellos no se caigan! ¡Cómo los asusta, iniciando, de pronto, un trote falso!

¡Claras tardes del otoño moguereño! Cuando el aire puro de octubre afila los límpidos sonidos sube del valle un alborozo idílico e balidos, de rebuznos, de risas de niños, de ladridos y de campanilla . . .

PREGUNTA

1. ¿Qué piensa Ud. de la personalidad de Platero después de leer esta selección? Apoye sus ideas con ejemplos que demuestran esa impresión.

La primavera

D. Con un(a) compañero(a) estudie el vocabulario y conteste las preguntas luego de leer el poema.

VOCABULARIO

alborotar inquietar, perturbar
chillería *f.* sonidos inarticulados de la voz
duermevela matinal *f.* sueño ligero de la mañana
golondrina *f.*, **mirlo** *m.*, **oropéndola** *f.*, **chaparro** *m.*, **chamariz** *m.*,
　　gorrión *m.* pájaros de varias clases
manantial *m.* lugar de origen de donde brota el agua
panal *m.* conjunto de cera donde depositan las abejas la miel

¡Ay, qué relumbres y olores!
¡Ay, cómo ríen los prados
¡Ay, qué alboradas se oyen!

ROMANCE POPULAR

EN MI duermevela matinal, me malhumora una endiablada chillería de chiquillos. Por fin, sin poder dormir más, me echo, desperado, de la cama. Entonces, al mirar el campo por la ventana abierta, me doy cuenta de que los que alborotan son los pájaros.

Salgo al huerto y doy gracias al Dios del día azul. ¡Libre concierto de picos, fresco y sin fin! La golondrina riza, caprichosa, su canto en el pozo; silba el mirlo sobre la naranja caída; de fuego, la oropéndola charla con el chaparro; el chamariz ríe larga y menudamente en la cima del eucalipto; y, en el pino grande, los gorriones discuten desaforadamente.

¡Cómo está la mañana! El sol pone en la tierra su alegría de plata y de oro: mariposas de cien colores juegan por todas partes, entre las flores, por la casa, en el manantial. Por doquiera, el campo se abre en estallidos, en crujidos, en un hervidero de vida sana y nueva.

Parece que estuviéramos dentro de un gran panal de luz, que fuese el interior de una inmensa y cálida rosa encendida.

PREGUNTA

1. ¿Cómo cambia la actitud del escritor durante esta selección? ¿Por qué cambia?

La flor del camino

E. Con un(a) compañero(a) estudie el vocabulario y conteste las preguntas luego de leer el poema.

VOCABULARIO

atajo *m.*   senda por donde se abrevia un camino para llegar más pronto
enhiesto *m.*   levantado, derecho
malva *f.*   planta morada
tropel *m.*   movimiento desordenado de varias personas
vallado *m.*   cerco

¡QUÉ PURA, Platero, y qué bella es esta flor del camino! Pasan a su lado todos los tropeles—los toros, las cabras, los potros, los hombres—, y ella, tan tierna y tan débil, sigue enhiesta, malva y fina, en su vallado triste, sin contaminarse de impureza alguna.

Todos los días, cuando al empezar la cuesta, tomamos el atajo, tú las has visto en su puesto verde. Ya tiene a su lado un pajarillo, que se levanta—¿por qué?— al acercarnos; o está llena, cual una breve copa, del agua clara de una nube de verano; ya consiente el robo de una abeja o el voluble adorno de una mariposa.

Esta flor vivirá pocos días, Platero, pero su recuerdo ha de ser eterno. Será su vivir como un día de tu primavera, como una primavera de mi vida. ¡Ay! ¿Qué le diera yo al otoño, Platero, a cambio de esta flor divina, para que ella fuese, diariamente, el ejemplo sencillo de la nuestra?

1. ¿Cuáles son cuatro adjetivos que puedan describir esta flor?
2. ¿Qué lamento expresa el poeta?

El canario vuela

F. Con un(a) compañero(a) estudie el vocabulario y conteste las preguntas luego de leer el poema.

VOCABULARIO

holgar descansar
tejado *m.* techo
alborozo *m.* alegría
corveta *f.* movimiento que se enseña al caballo, obligándole a ir sobre las piernas, con los brazos en el aire

UN DÍA, el canario verde, no sé cómo ni por qué, voló de su jaula. Era un canario viejo, recuerdo triste de una muerta, al que yo no había dado libertad por miedo de que se muriera de hambre o de frío, o de que se lo comieran los gatos.

Anduvo toda la mañana entre los granados del huerto, en el pino de la puerta, por las lilas. Los niños estuvieron, toda la mañana también, sentados en la galería, absortos en los breves vuelos del pajarillo amarillento. Libre, Platero holgaba junto a los rosales, jugando con una mariposa.

A la tarde, el canario se vino al tejado de la casa grande, y allí se quedó largo tiempo, latiendo en el suave sol que declinaba. De pronto, y sin saber nadie cómo ni por qué, apareció en la jaula, otra vez alegre.

¡Qué alborozo en el jardín! Los niños saltaban tocando las palmas, arrebolados y rientes como auroras; Diana, loca, los seguía, ladrándole a su propia y riente campanilla; Platero, contagiado, en un oleaje de carnes de plata, igual que un chivillo, hacía corvetas, giraba sobre sus patas, en un vals tosco, y, poniéndose en las manos, daba coces al aire claro y tibio . . .

PREGUNTAS

1. ¿Cómo presenta el poeta al canario, a Platero y a Diana?
2. Describa el tono de la selección.

La espina

G. Con un(a) compañero(a) estudie el vocabulario y conteste las preguntas luego de leer el poema.

VOCABULARIO

casco *m.* uña del caballo o burro
cojear andar inclinando el cuerpo más a un lado
dehesa *f.* tierra usada para pasto de ganados
lamer pasar repetidamente la lengua por una cosa
ranilla *f.* parte suave del casco

OTRAS PALABRAS

espina *f.*

ENTRANDO en la dehesa, Platero ha comenzado a cojear. Me he echado al suelo . . .
—Pero, hombre, ¿qué te pasa?

Platero ha dejado la mano derecha un poco levantada, mostrando la ranilla, sin fuerza y sin peso, sin tocar casi con el casco la arena ardiente de camino.

Con una solicitud mayor, sin duda, que la del viejo Darbón, su médico, le he doblado la mano y le he mirado la ranilla roja. Una espina larga y verde, de naranjo sano, está clavada en ella como un redondo puñalillo de esmeralda. Estremecido del dolor de Platero, he tirado de la espina; y me lo he llevado al pobre al arroyo de los lirios amarillos para que el agua corriente le lama, con su larga lengua pura, la heridilla.

Después, hemos seguido hacia la mar blanca, yo delante, él detrás, cojeando todavía y dándome suaves topadas en la espalda . . .

PREGUNTAS

1. ¿Cuál es el sentimiento del poeta con respecto a Platero en esta selección?
2. Explique cómo se personifica el agua.

El perro sarnoso

H. Con un(a) compañero(a) estudie el vocabulario y conteste las preguntas luego de leer el poema.

VOCABULARIO

acacia *f.* clase de árbol
aullido *m.* sonido que hace un perro
escopeta *f.* arma, rifle
pedrea *f.* acción de tirar piedras
sarnoso *adj.* contagiado de una enfermedad de la piel

VENÍA, a veces, flaco y anhelante, a la casa del huerto. El pobre andaba siempre huido, acostumbrado a los gritos y a las pedreas. Los mismos perros le enseñaban los colmillos. Y se iba otra vez en el sol del mediodía, lento y triste, monte abajo.

Aquella tarde llegó detrás de Diana. Cuando yo salía, el guarda, que en un arranque de mal corazón había sacado la escopeta, disparó contra él. No tuve tiempo de evitarlo. El pobre perro, con el tiro en las entrañas, giró vertiginosamente un momento, en un redondo aullido agudo, y cayó muerto bajo una acacia.

Platero miraba al perro fijamente, erguida la cabeza. Diana, temerosa, andaba escondiéndose de uno en otro. El guarda, arrepentido quizás, daba largas razones no sabía a quién, indignándose, queriendo sin poder acallar su remordimiento. Un velo parecía enlutecer el sol; un velo grande, como el velo pequeñito que nubló el ojo sano del perro asesinado. Abatidos por el viento del mar, los eucaliptos lloraban más reciamente en el hondo silencio aplastante que la siesta tendía por el campo de oro, sobre el perro muerto.

PREGUNTAS

1. Dé un ejemplo de personificación en esta selección
2. ¿Qué reacción muestran los otros animales con respecto a la muerte del perro? ¿Qué reacción muestra el poeta?
3. ¿Qué representa el «hondo silencio aplastante» al final?

La tísica

I. Con un(a) compañero(a) estudie el vocabulario y conteste las preguntas luego de leer el poema.

VOCABULARIO

estío *m.*   verano
nardo *m.*   planta de flores blancas
pueril *adj.*   perteneciente a los niños
tísica *f.*   que sufre de tuberculosis

ESTABA derecha en una triste silla, blanca la cara y mate, cual un nardo ajado, en medio de la encalada y fría alcoba. Le había mandado el médico salir al campo, a que le diera el sol de mayo; pero la pobre no podía.

—Cuando llego al puente —me dijo—, ¡ya ve usted, señorito, ahí al lado que está!, me ahogo . . .

La voz pueril, delgada y rota, se le caía, cansada, como se cae, a veces, la brisa en el estío. Yo le ofrecí a Platero para que diese un paseíto. Subida en él, ¡que risa la de su aguda cara de muerta, toda ojos negros y dientes blancos!

. . . Las mujeres se asomaban a las puertas a vernos pasar. Iba Platero despacio, como sabiendo que llevaba encima un frágil lirio de cristal. La niña, con su hábito cándido, transfigurada por la fiebre y la alegría, parecía un ángel que entraba en el pueblo, camino del cielo del sur.

PREGUNTAS

1. ¿Qué símil emplea el autor para describir a la niña? ¿Y para describir su voz?
2. ¿Qué favor le hizo el escritor a la niña?
3. ¿Qué sensibilidad demuestra Platero hacia la niña?

La muerte

J. Con un(a) compañero(a) estudie el vocabulario y conteste las preguntas luego de leer el poema.

VOCABULARIO

acariciar   tocar suavemente con cariño
apolillada *f.*   con polillas, insectos que comen la lana
barriguilla *f.*   abdomen
cuadra *f.*   establo
estopa *f.*   parte gruesa del cáñamo

ENCONTRÉ a Platero echado en su cama de paja, blandos los ojos y tristes. Fui a él, lo acaricié, hablándole, y quise que se levantara . . .

El pobre se removió todo bruscamente, y dejó una mano arrodillada . . . No podía . . . Entonces le tendí su ternura, y mandé venir a su médico. El viejo Darbón, así que lo hubo visto, sumió la enorme boca desdentada hasta la nuca, y meció sobre el pecho la cabeza congestionada, igual que un péndulo.

—Nada bueno, ¿eh?

No sé qué contestó . . . Que el infeliz se iba . . . Nada . . . Que un dolor . . . Que no sé qué raíz mala . . . La tierra, entre la hierba . . .

A mediodía, Platero estaba muerto. La barriguilla de algodón se le había hinchado como el mundo, y sus patas, rígidas y descoloridas, se elevaban al cielo. Parecía su pelo rizoso ese pelo de estopa apolillada de las muñecas viejas, que se cae, al pasarle la mano, en una polvorienta tristeza.

Por la cuadra en silencio, encendiéndose cada vez que pasaba por el rayo de sol de la ventanilla, revolaba una bella mariposa de tres colores.

PREGUNTA

1.   Dibujan la escena que se describe. No se olviden de la mariposa.

Nostalgia

K.   Con un(a) compañero(a) estudie el vocabulario y conteste las preguntas luego de leer el poema.

VOCABULARIO

borriquillo *m.*   burrito
enjambre *m.*   multitud
noria *f.*   pozo
poniente *m.*   viento de oeste

PLATERO, tú nos ves. ¿verdad?

¿Verdad que ves cómo se ríe en paz, clara y fría, el agua de la noria del huerto; cuál vuelan, en la luz última, las afanosas abejas, en torno del romero verde y malva, rosa y oro por el sol que aún enciende la colina?

Platero, tú nos ves, ¿verdad?

¿Verdad que ves pasar por la cuesta roja de la Fuente Vieja los borriquillos de las lavanderas, cansados, cojos, tristes en la inmensa pureza que une tierra y cielo en un solo cristal de esplendor?

Platero, tú nos ves, ¿verdad?

¿Verdad que ves a los niños corriendo, arrebatados, entre sus propias flores, liviano enjambre de vagas mariposas blancas, goteadas de carmín?

Platero, tú nos ves, ¿verdad?

Platero, ¿verdad que tú nos ves? Si, tú me ves. Y yo oigo, en el poniente despejado, endulzando todo el valle de las viñas, tu tierno rebuzno lastimero . . .

(Juan Ramón Jiménez, «Platero y yo». Editorial Losada, S.A.; Buenos Aires.)

PREGUNTAS

1. ¿Dónde está Platero?
2. ¿Qué indica el hecho de que el escritor hace muchas preguntas?

El canario se muere

L. Su profesor(a) leerá un pasaje. Luego de escucharlo, conteste las siguientes preguntas.

1. ¿Qué le pasó al canario hoy?
   a. murió
   b. perdió las plumas
   c. se escondió

2. ¿Cómo pasó el invierno?
   a. cantando continuamente
   b. comiendo
   c. silencioso

3. ¿Cómo tenía la voz en la primavera?
   a. bonita y fuerte
   b. quebradiza y asmática
   c. cansada

4. ¿Qué le ha faltado al canario?
   a. comida
   b. agua
   c. nada

5. ¿Adónde llevarán al pájaro a la noche?
   a. a la jaula
   b. al jardín
   c. al patio

Capítulo 18

Además de ensayos, Octavio Paz también escribió poesía. En el siguiente poema, se puede apreciar el papel de la poesía en su vida. El poeta ve la poesía como un vehículo que le permite conocerse a sí mismo. Al leer el poema, busque los elementos que lo componen y trate de analizar por qué motivo fue escrito.

La poesía

¿Por qué tocas mi pecho nuevamente?
Llegas silenciosa, secreta, armada,
tal los guerreros a una ciudad dormida;
quemas mi lengua con tus labios, pulpo,
y despiertas los furores, los goces,
y esta angustia sin fin
que enciende lo que toca
y engendra en cada cosa
una avidez sombría.

El mundo cede y se desploma
como mental al fuego.
Entre mis ruinas me levanto
y quedo frente a ti,
solo, desnudo, despojado,
sobre la roca inmensa del silencio,
como un solitario combatiente
contra invisibles huestes.

Verdad abrasadora,
¿a qué me empujas?
No quiero tu verdad,
tu insensata pregunta.
¿A qué esta lucha estéril?
No es el hombre criatura capaz de contenerte,
avidez que sólo en la sed se sacia,
llama que todos los labios consume,
espíritu que no vive en ninguna forma,
mas hace arder todas las formas
con un secreto fuego indestructible.

Pero insistes, lágrima escarnecida,
y alzas en mí tu imperio desolado.
Subes desde lo más hondo de mí,
desde el centro innombrable de mi ser,

ejército, marea.
Creces, tu sed me ahoga,
expulsando, tiránica,
aquello que no cede
a tu espada frenética.
Ya sólo tú me habitas,
tú, sin nombre, furiosa substancia,
avidez subterránea, delirante.

  Golpean mi pecho tus fantasmas
despiertas a mi tacto,
hielas mi frente
y haces proféticos mis ojos.
Percibo el mundo y te toco,
substancia intocable,
unidad de mi alma y de mi cuerpo,
y contemplo el combate que combato
y mis bodas de tierra.

  Nublan mis ojos imágenes opuestas, y a las mismas imágenes
otras, más profundas, las niegan,
tal un ardiente balbuceo,
aguas que anega un agua más oculta y densa.
  La oscura ola
que nos arranca de la primer ceguera,
Nace del mismo mar oscuro
en que nace, sombría,
la ola que nos lleva a la tierra
sus aguas se confunden
y en su tiniebla
quietud y movimiento son lo mismo.

Insiste, vencedora,
porque tan sólo existo porque existes,
y mi boca y mi lengua se formaron
para decir tan sólo tu existencia
y tus secretas sílabas, palabra
impalpable y despótica,
substancia de mi alma.
  Eres tan sólo un sueño,
pero en ti sueña el mundo
y su mudez habla con tus palabras.
Rozo al tocar tu pecho
la eléctrica frontera de la vida,
la tiniebla de sangre
donde pacta la boca cruel y enamorada,
ávida aún de destruir lo que ama
y revivir lo que destruye,
con el mundo, impasible
y siempre idéntico a sí mismo,
porque no se detiene en ninguna forma,
ni se demora sobre lo que engendra.

Llévame, solitaria,
llévame entre los sueños,

llévame, madre mía,
despiértame del todo,
hazme soñar tu sueño,
unta mis ojos con tu aceite,
para que al conocerte, me conozca.

(Octavio Paz, «La poesía» en «A orillas del mundo». México, 1942.)

PREGUNTAS

1. ¿Con qué compara Paz la poesía en los versos 2 y 3? ¿Por qué usa esa símil?
2. Las estrofas segunda y tercera incluyen varias palabras asociadas con el fuego: quemas, abrasadora, llama, arder, fuego. ¿Por qué? Resuma la idea principal de la tercera estrofa.
3. ¿Qué aspecto de la poesía expresa la frase «Subes desde lo más hondo de mí»?
4. ¿Qué expresa la frase «despiertas a mi tacto» acerca de la poesía?
5. ¿Qué función poética se expresa en la frase «y haces proféticos mis ojos»?
6. ¿Qué implica la frase «Nublan mis ojos imágenes opuestas» sobre la visión del poeta?
7. Señale un ejemplo de apóstrofe en el poema.
8. ¿Por qué ve Paz la poesía como déspota?
9. ¿Cuáles son los temas de la poesía según la penúltima estrofa?
10. Mencione algunos aspectos de la poesía que Paz no haya mencionado.

Capítulo 19

El colombiano José Asunción Silva (1865–1896) escribió este poema para conmemorar la muerte de su hermana. Se puede ver que el ritmo de este poema elegíaco se aproxima al ritmo del sollozo.

Nocturno

Una noche,
una noche toda llena de murmullos, de perfumes y de músicas de alas;
una noche
en que ardían en la sombra nupcial y húmeda las luciérnagas fantásticas,
a mi lado lentamente, contra mí ceñida toda, muda y pálida,
como si un presentimiento de amarguras infinitas
hasta el más secreto fondo de las fibras te agitara,
por la senda florecida que atraviesa la llanura
caminabas;
y la luna llena
por los cielos azulosos, infinitos y profundos esparcía su luz blanca;
y tu sombra
fina y lánguida,
y mi sombra,
por los rayos de la luna proyectadas,
sobre las arenas tristes
de la senda se juntaban;
y eran una,
y eran una,
y eran una sola sombra larga,
y eran una sola sombra larga,
y eran una sola sombra larga...

Esta noche
solo; el alma
llena de las infinitas amarguras y agonías de tu muerte,
separado de ti misma por el tiempo, por la tumba y la distancia,
por el infinito negro
donde nuestra voz no alcanza
mudo y solo por la senda caminaba. . . .
Y se oían los ladridos de los perros a la luna,
a la luna pálida,
y el chirrido
de las ranas . . .

Sentí frío. Era el frío que tenían en tu alcoba
tus mejillas y tus sienes y tus manos adoradas,
entre las blancuras níveas
de las mortuorias sábanas.
Era el frío del sepulcro, era el hielo de la muerte,
era el frío de la nada.
Y mi sombra,
por los rayos de la luna proyectada,
iba sola,
iba sola,
iba sola por la estepa solitaria;
y tu sombra esbelta y ágil,
fina y lánguida,
como en esa noche tibia de la muerta primavera,
como en esa noche llena de murmullos, de perfumes y de músicas de alas,
se acercó y marchó con ella,
se acercó y marchó con ella,
se acercó y marchó con ella . . . ¡Oh las sombras enlazadas!

¡Oh las sombras de los cuerpos que se juntan con las sombras de las almas!
¡Oh las sombras que se buscan en las noches de tristezas y de lágrimas!

(José Asunción Silva, «Nocturno» en «Obras completas»; 1956.)

PREGUNTAS

1. ¿Qué cambio ocurre entre la primera y segunda estrofa con respecto al tiempo?
2. Al principio de la primera estrofa, el poeta emplea el pie peánico (--/- --/ ---/-), pero en la segunda no (/---). ¿Por qué lo cambia?
3. ¿Cuál es el deseo principal del poeta?
4. ¿Qué sentimiento expresa el poeta en los dos últimos versos? ¿Por qué emplea los puntos exclamativos?
5. ¿Qué efecto produce el arreglo visual de los versos?

Capítulo 20

Federico García Lorca (1898–1936), uno de los poetas españoles más famosos del siglo pasado, también era dramaturgo. Es de notar que sus obras teatrales tienen muchos elementos poéticos y su poesía incorpora muchos elementos dramáticos, como se verá en los poemas a continuación.

La guitarra

EMPIEZA el llanto
de la guitarra.
Se rompen las copas
de la madrugada.
Empieza el llanto
de la guitarra.
Es inútil
callarla.
Es imposible
callarla.
Llora monótona
como llora el agua,
como llora el viento
sobre la nevada.
Es imposible
callarla.
Llora por cosas
lejanas.
Arena del sur caliente
que pide camelias blancas.
Llora flecha sin blanco,
la tarde sin mañana,
y el primer pájaro muerto
sobre la rama.
¡Oh guitarra!
Corazón malherido
por cinco espadas.

(Federico García Lorca, «La guitarra» en «Antología poética». Editorial Losada, S.A.; Buenos Aires, 1983.)

PREGUNTAS

1. ¿Por qué escribió Lorca este poema?
2. ¿A qué se asemeja el ritmo?
3. Dé un ejemplo de personificación en el poema. ¿Qué símiles emplea el poeta y cuál es el efecto de esas asociaciones?
4. ¿Qué expresa el poeta con los versos: «Llora flecha sin blanco / la tarde sin mañana»?
5. ¿Qué vocales predominan y qué efecto resulta de ellas?
6. ¿En la metáfora expresada en los dos últimos versos, qué representan las «cinco espadas» y el «corazón malherido»?
7. ¿Qué representa la guitarra para Lorca?

Romance de la luna, luna

A Conchita García Lorca

LA luna vino a la fragua
con su polisón de nardos.
El niño la mira mira.
El niño la está mirando.
En el aire conmovido
mueve la luna sus brazos
y enseña, lúbrica y pura,
sus senos de duro estaño.
Huye luna, luna, luna.
Si vinieran los gitanos,
harían con tu corazón
collares y anillos blancos.
Niño, déjame que baile.
Cuando vengan los gitanos,
te encontrarán sobre el yunque
con los ojillos cerrados.
Huye luna, luna, luna,
que ya siento sus caballos.
Niño, déjame, no pises
mi blancor almidonado.

El jinete se acercaba
tocando el tambor del llano.
Dentro de la fragua el niño
tiene los ojos cerrados.
Por el olivar venían,
bronce y sueño, los gitanos.
Las cabezas levantadas
y los ojos entornados.

Cómo canta la zumaya,
¡ay cómo canta en el árbol!
Por el cielo va la luna
con un niño de la mano.

Dentro de la fragua lloran,

dando gritos, los gitanos.
El aire la vela, vela.
El aire la está velando.

(Federico García Lorca, «Romance de la luna, luna» en «Antología poética». Editorial Losada, S.A.; Buenos Aires, 1983.)

PREGUNTAS

1. Explique por qué Lorca llama este poema un romance.
2. ¿Qué tipo de rima exhiben los versos pares? ¿Cuántas sílabas hay en cada verso?
3. ¿Es llano o agudo el tercer verso?
4. ¿Cuál es el tema del poema?
5. ¿Qué recurso poético emplea Lorca en los versos 5-8 para presentar una imagen sensual de la luna? ¿Qué intenta al presentar esta imagen?
6. ¿Por qué harían collares y anillos los gitanos con el «corazón» de la luna?
7. ¿Cuáles son los elementos dramáticos de esta obra?
8. ¿Qué le pasa al niño del poema?

Capítulo 21

Rubén Darío (1867–1916) fue uno de los poetas nicaragüenses más famosos. Perteneció al movimiento literario del Modernismo y, de hecho, fue Darío quien lo llamó con ese nombre. La musicalidad, la conciencia artística y la originalidad se destacan en toda su obra poética, ya sean sus temas sociales, exóticos o nostálgicos.

Lo fatal

Dichoso el árbol que es apenas sensitivo,
y más la piedra dura, porque ésta ya no siente,
pues no hay dolor más grande que el dolor de ser vivo,
ni mayor pesadumbre que la vida consciente.

Ser, y no saber nada, y ser sin rumbo cierto,
y el temor de haber sido y un futuro terror . . .
Y el espanto seguro de estar mañana muerto,
y sufrir por la vida y por la sombra y por
     lo que no conocemos y apenas sospechamos.
Y la carne que tienta con sus frescos racimos,
y la tumba que aguarda con sus fúnebres ramos,
     ¡y no saber a dónde vamos,
ni de dónde venimos . . .!

(Rubén Darío, «Lo fatal» en «Cantos de vida y esperanza»; 1905.)

PREGUNTAS

1. ¿Por qué considera dichosos al árbol y a la piedra el poeta? ¿Según el poeta, qué le pasa al Hombre por ser consciente?
2. ¿Qué tipo de verso es el verso 2 de la segunda estrofa?
3. ¿De qué tiene miedo el escritor al expresar «y el temor de haber sido»?
4. ¿Qué versos expresan la desorientación del poeta?

Sonatina

     La princesa está triste . . . ¿Qué tendrá la princesa?
Los suspiros se escapan de su boca de fresa
que ha perdido la risa, que ha perdido el color.
La princesa está pálida en su silla de oro,
está mudo el teclado de su clave sonoro,
y en un vaso olvidada se desmaya una flor.

El jardín puebla el triunfo de los pavos reales;
parlanchina, la dueña dice cosas banales,
y vestido de rojo piruetea el bufón.
La princesa no ríe, la princesa no siente;
la princesa persigue por el cielo de Oriente
la libélula vaga de una vaga ilusión.

¿Piensa acaso en el príncipe de Golconda o de China,
o en el que ha detenido su carroza argentina
para ver de sus ojos la dulzura de luz?
¿O en el rey de las islas de las rosas fragantes,
o en el que es soberano de los claros diamantes,
o en el dueño orgulloso de las perlas de Ormuz?

¡Ay! la pobre princesa de la boca de rosa
quiere ser golondrina, quiere ser mariposa,
tener alas ligeras, bajo el cielo volar,
ir al sol por la escala luminosa de un rayo,
saludar a los lirios con los versos de Mayo,
o perderse en el viento sobre el trueno del mar.

Ya no quiere el palacio, ni la rueca de plata,
ni el halcón encantado, ni el bufón escarlata,
ni los cisnes unánimes en el lago de azur.
Y están tristes las flores por la flor de la corte;
los jazmines de Oriente, los nelumbos del Norte,
de Occidente las dalias y las rosas del Sur.

¡Pobrecita princesa de los ojos azules!
Está presa en sus oros, está presa en sus tules,
en la jaula de mármol del palacio real;
en palacio soberbio que vigilan los guardas,
que custodian cien negros con sus cien alabardas,
un lebrel que no duerme y un dragón colosal.

¡Oh, quién fuera hipsipila que dejó la crisálida!
(La princesa está triste. La princesa está pálida)
¡Oh visión adorada de oro, rosa y marfil!
¡Quién volara a la tierra donde un príncipe existe
(La princesa está pálida. La princesa está triste)
más brillante que el alba, más hermoso que Abril!

Calla, calla, princesa —dice el hada madrina—
en caballo con alas hacia acá se encamina,
en el cinto la espada y en la mano el azor,
el feliz caballero que te adora sin verte,
y que llega de lejos, vencedor de la Muerte,
a encenderte los labios con su beso de amor.

(Rubén Darío, «Sonatina» en «Cantos de vida y esperanza»; 1905.)

PREGUNTAS

1. ¿Qué clase de rima exhibe el poema y cuál es el esquema?
2. ¿Cuántas sílabas tiene cada verso? ¿Cómo se llama ese tipo de verso?
3. Explique por qué se cuentan catorce sílabas en el último verso de la primera estrofa.
4. «Se desmaya una flor» es ejemplo de qué técnica poética?

5. ¿Qué símbolos de belleza se encuentran en este poema?
6. ¿Qué desea la princesa, en lugar de los lujos del palacio?
7. ¿Por qué piensa la princesa en lugares exóticos como Golcondo (en la India) y Ormuz (una isla del Golfo Pérsico)?
8. ¿Qué nota de esperanza se expresa en la última estrofa?

Antes de leer el próximo poema, identifiquen a Nemrod, Alejandro, Nabucodonosor, Ulysses S. Grant, Netzahualcoyotl, Baco, Platón, Cuauhtémoc, Hércules y Mammón.

A Roosevelt

¡Es con voz de la Biblia, o verso de Walt Whitman,
que habría que llegar hasta ti, cazador!
¡Primitivo y moderno, sencillo y complicado,
con un algo de Wáshington y cuatro de Nemrod!
Eres los Estados Unidos,
eres el futuro invasor
de la América ingenua que tiene sangre indígena,
que aún reza a Jesucristo y aún habla en español.

Eres soberbio y fuerte ejemplar de tu raza;
eres culto, eres hábil; te opones a Tolstoy.
Y domando caballos, o asesinando tigres,
eres un Alejandro-Nabucodonosor.
(Eres un profesor de Energía,
como dicen los locos de hoy.)

Crees que la vida es incendio,
que el progreso es erupción;
que en donde pones la bala
el porvenir pones.
No.

Los Estados Unidos son potentes y grandes.
Cuando ellos se estremecen hay un hondo temblor
que pasa por las vértebras enormes de los Andes.
Si clamáis, se oye como el rugir del león.
Ya Hugo a Grant lo dijo: «Las estrellas son vuestras.»
(Apenas brilla, alzándose, el argentino sol
y la estrella chilena se levanta . . .) Sois ricos.
Juntáis al culto de Hércules el culto de Mammón;
y alumbrando el camino de la fácil conquista,
la Libertad levanta su antorcha en Nueva York.

Mas la América nuestra que tenía poetas
desde los tiempos viejos de Netzahualcoyotl,
que ha guardado las huellas de los pies del gran Baco;
que el alfabeto pánico en un tiempo aprendió;
que consultó los astros, que conoció la Atlántida,
cuyo nombre nos llega resonando en Platón;
que desde los remotos momentos de su vida
vive de luz, de fuego, de perfume, de amor;
la América del grande Moctezuma, del Inca,
la América fragante de Cristóbal Colón,
la América católica, la América española,

la América en que dijo el noble Guatemoc:
«Yo no estoy en un lecho de rosas»; esa América
que tiembla de huracanes y que vive amor;
hombres de ojos sajones y alma bárbara, vive.
Y sueña. Y ama, y vibra; y es la hija del Sol.
Tened cuidado. ¡Vive la América española!
Hay mil cachorros sueltos del León espãnol.
Se necesitaría, Roosevelt, ser, por Dios mismo,
el Riflero terrible y el fuerte Cazador
para poder tenernos en vuestras férreas garras.
        Y, pues contáis con todo, falta una cosa: ¡Dios!

(Rubén Darío, «A Roosevelt» en «Cantos de vida y esperanza»; 1905.)

PREGUNTAS

1. Dé un ejemplo de anáfora en el poema. ¿Qué efecto produce?
2. ¿En qué sentido es diferente este poema de los dos anteriores?
3. ¿Qué efecto tiene el verso que consiste solamente en la palabra «No»?
4. ¿Por qué escribió el poeta este poema?
5. ¿Por qué cree el poeta que Hércules y Mammón representan a los Estados Unidos?
6. ¿Qué necesitaría Roosevelt para conquistar a la América Latina, según el poeta? ¿Qué imagen de los Estados Unidos evocan las palabras «férreas garras»?
7. ¿Qué características positivas tiene Hispanoamérica para el poeta?

Capítulo 22

El chileno Pablo Neruda (1904–1973) ganó el Premio Nóbel en 1971. Su poesía pasó por varias etapas, desde obras tradicionales y líricas hasta superrealistas. Fue el gran gigante de la poesía en su época, tanto para los literatos como para los hombres sencillos; y siguen rindiéndole frecuentes homenajes en las universidades chilenas. Era un comunista militante y apoyó a los candidatos políticos izquierdistas. El primer poema que aparece aquí refleja su actitud hacia los Estados Unidos. Note la semejanza entre este poema y «A Roosevelt» de Rubén Darío.

La United Fruit Co.

Cuando sonó la trompeta, estuvo
todo preparado en la tierra,
y Jehová repartió el mundo
a Coca-Cola Inc., Anaconda,
Ford Motors, y otras entidades:
la Compañía Frutera Inc.
se reservó lo más jugoso,
la costa central de mi tierra,
la dulce cintura de América.
Bautizó de nuevo sus tierras
como «Repúblicas Bananas,»
y sobre los muertos dormidos,
sobre los héroes inquietos
que conquistaron la grandeza,
la libertad y las banderas,
estableció la ópera bufa:
enajenó los albedríos,
regaló coronas de César,
desenvainó la envidia, atrajo
la dictadura de las moscas,
moscas Trujillos, moscas Tachos,
moscas Carías, moscas Martínez,
moscas Ubico, moscas húmedas
de sangre humilde y mermelada,
moscas borrachas que zumban
sobre las tumbas populares,
moscas de circo, sabias moscas
entendidas en tiranía.

Entre las moscas sanguinarias
la Frutera desembarca,
arrasando el café y las frutas,
en sus barcos que deslizaron
como bandejas el tesoro
de nuestras tierras sumergidas.
Mientras tanto, por los abismos
azucarados de los puertos,
caían indios sepultados
en el vapor de la mañana:
un cuerpo rueda, una cosa
sin nombre, un número caído,
un racimo de fruta muerta
derramada en el pudridero.

(Pablo Neruda, «La United Fruit Co.» en «Residencia en la tierra II, 1931-35». Editorial Losada, S.A., Buenos Aires)

PREGUNTAS

1. En la primera estrofa, el poeta menciona varias compañías estadounidenses. ¿Cuál es su actitud hacia ellas?
2. ¿Según el poeta, qué nombre le puso Jehováh a las tierras de Centroamérica? ¿Cómo reaccionan los centroamericanos a ese nombre?
3. ¿Qué implica el hecho de que Jehováh regaló «coronas de César» a los norteamericanos?
4. Dé un ejemplo de anáfora en la segunda estrofa ¿Por qué la emplea el poeta?
5. Trujillo, Tacho, Carías, Martínez y Ubico fueron dictadores del Caribe y Centroamérica: ¿en qué consiste la sabiduría de esas «moscas», según el poeta?
6. ¿Qué se lleva la compañía Frutera? ¿Quiénes apoyan a la compañía?
7. ¿Cuál es la metáfora de la última estrofa?
8. ¿Cómo se siente Neruda con respecto a la explotación del indio?

Oda a unas flores amarillas

Contra el azul moviendo sus azules,
el mar, y contra el cielo,
unas flores amarillas.
Octubre llega.
Y aunque sea
tan importante el mar desarrollando
su mito, su misión, su levadura
estalla
sobre la arena el oro
de una sola
planta amarilla
y se amarran
tus ojos
a la tierra,
huyen del magno mar y sus latidos.
Polvo somos, seremos.
Ni aire, ni fuego, ni agua

sino
tierra,
sólo tierra
seremos
y tal vez
unas flores amarillas.

(Pablo Neruda, «Oda a unas flores amarillas» en «Libro tercero de las odas». Editorial Losada, S.A.; Buenos Aires, 1957.)

PREGUNTAS

1. ¿Qué es una oda? Mencione las características del poema que lo colocan dentro de esa categoría.
2. ¿De qué estación escribe el poeta?
3. ¿Según el poeta, cuál es el elemento fundamental del ser? Justifique su respuesta.
4. ¿Qué simbolizan los colores azul y amarillo en este poema?
5. ¿Al final del poema, cuál es el único consuelo del escritor?

Capítulo 23

El cubano Nicolás Guillén (1902–1989) es representante de la poesía afro-antillana. Sus poemas tocan temas de la vida diaria de las personas humildes y evocan los ritmos del canto popular. Además de sus quehaceres literarios, Guillén ocupó un puesto en el gobierno de Fidel Castro.

En los poemas que siguen, note que se suprimen las «eses», con el propósito de imitar la manera de hablar de los antillanos de origen africano.

Búcate plata

Búcate plata,
búcate plata,
porque no doy un paso má:
etoy a arró con galleta
na má
Yo bien sé cómo etá to,
pero viejo, hay que comer
búcate plata,
búcate plata,
porque me voy a correr.
Depué dirán que soy mala,
y no me querrán tratar,
pero amor con hambre, viejo,
¡qué va!
Con tanto zapato nuevo,
¡qué va!
Con tanto relój, compadre,
¡qué va!
Con tanto lujo, mi negro,
¡qué va!

(Nicolás Guillén, «Búcate plata» en «Motivos de son». Agencia Literaria Latinoamericana, 1930.)

PREGUNTAS

1. ¿Le parece romántica o práctica la mujer? ¿Por qué?
2. ¿Cuál es el efecto de la anáfora empleada en este poema?
3. ¿Qué quiere decir: «porque me voy a correr»?

Sensemayá
(Canto para matar a una culebra)

¡Mayombe-bombe-mayombé!
¡Mayombe-bombe-mayombé!
¡Mayombe-bombe-mayombé!
La culebra tiene los ojos de vidrio;
la culebra viene, y se enreda en un palo;
con sus ojos de vidrio en un palo,
con sus ojos de vidrio.
La culebra camina sin patas;
la culebra se esconde en la yerba;
caminando se esconde en la yerba,
caminando sin patas!
¡Mayombe-bombe-mayombé!
¡Mayombe-bombe-mayombé!
¡Mayombe-bombe-mayombé!
Tú le das con el hacha, y se muere:
¡dale ya!
¡No le des con el pie, que te muerde,
no le des con el pie, que se va!
Sensemayá, la culebra,
sensemayá.
Sensemayá, con sus ojos,
sensemayá.
Sensemayá con su lengua,
sensemayá.
Sensemayá con su boca,
sensemayá!
La culebra muerta no puede comer;
la culebra muerta no puede silbar:
no puede caminar,
no puede correr!
La culebra muerta no puede mirar;
la culebra muerta no puede beber,
no puede respirar,
no puede morder!
¡Mayombe-bombe-mayombé!
Sensemayá, la culebra . . .
¡Mayombe-bombe-mayombé!
Sensemayá, no se mueve . . .
¡Mayombe-bombe-mayombé!
Sensemayá, la culebra . . .
¡Mayombe-bombe-mayombé!
¡Sensemayá, se murió!

(Nicolás Guillén, «Sensemayá» en «West Indies, Ltd.». Agencia Literaria Latinoamericana, 1934.)

PREGUNTAS

1. ¿Cuál fue el propósito del poeta al escribir este poema?
2. ¿Cuál es el aspecto poético más importante del poema?
3. ¿Hay alguna paradoja en el poema?
4. Dibuje la imagen presentada en el poema.

Capítulo 24

El puertorriqueño Luis Palés Matos (1898–1959) interpretó la cultura negra de su isla en su poesía, imitando el ritmo de su música. Para comprender mejor el siguiente poema, es necesario saber que Tombuctú, Fernando Póo y Camerún son lugares en África. Los «junjunes» y los «gongos» son instrumentos de percusión y los «botucos» son jefes indígenas de los pueblos de Fernando Póo. «Papiamento» y el «patuá» son dialectos hablados en las Antillas.

Danza negra

Calabó y bambú.
Bambú y calabó.
El Gran Cocoroco dice: tu-cu-tú.
La Gran Cocoroca dice: to-co-tó.
Es el sol de hierro que arde en Tombuctú.
Es la danza negra de Fernando Póo.
El cerdo en el fango gruñe: pru-pru-prú.
El sapo en la charca sueña: cro-cro-cró.
Calabó y bambú.
Bambú y calabó.
*　　Rompen los junjunes en furiosa ú.*
Los gongos trepidan con profunda ó.
Es la raza negra que ondulando va
en el ritmo gordo del mariyandá.
Llegan los botucos a la fiesta ya.
Danza que te danza la negra se da.
*　　Calabó y bambú.*
Bambú y calabó.
El Gran Cocoroco dice: tu-cu-tú.
La Gran Cocoroca dice: to-co-tó.
*　　Pasan tierras rojas, islas de betún:*
Haití, Martinica, Congo, Camerún;
las papiamentosas antillas del ron
y las patualesas isles del volcán,
que en el grave son
del canto se dan.
*　　Calabó y bambú.*
Bambú y calabó.
Es el sol de hierro que arde en Tombuctú.

Es la danza negra de Fernando Póo.
El alma africana que vibrando está
en el ritmo gordo del mariyandá.
   Calabó y bambú.
Bambú y calabó.
El Gran Cocoroco dice: tu-cu-tú.
La Gran Cocoroca dice: to-co-tó.

(Luis Palés Matos, «Danza negra» en «Tuntún de pasa y grifería», 1937.)

PREGUNTAS

1. ¿Cómo se pueden clasificar la mayoría de los versos de la primera estrofa? ¿Es el tipo de verso más típico? ¿Qué quiere imitar el poeta con ese tipo de verso?
2. ¿Cuál es el aspecto más sobresaliente del poema?
3. Describa la estructura del poema.
4. El poema representa la fusión de dos culturas. ¿Cómo logra representar esa fusión el poeta?

Capítulo 25

El español Gustavo Adolfo Bécquer (1836–1870) escribió poesía lírica durante su corta vida. Sus poemas sobre el amor y la poesía misma son sencillos pero conmovedores, como los siguientes, de la colección «Rimas», de 1871.

VII

Del salón en el ángulo oscuro,
De su dueño tal vez olvidada,
Silenciosa y cubierta de polvo
Veíase el arpa.
¡Cuánta nota dormía en sus cuerdas
Como el pájaro duerme en las ramas,
Esperando la mano de nieve
Que sabe arrancarla!
¡Ay! pensé; ¡cuántas veces el genio
Así duerme en el fondo del alma,
Y una voz, como Lázaro, espera
Que le diga: «¡Levántate y anda!»!

(Gustavo Adolfo Bécquer, «VII» [Rimas del libro de los gorriones] en «Obras completas». Aguilar, S.A. de Ediciones; Madrid, 1969.)

PREGUNTAS

1. ¿Qué tipo de rima hay en los versos pares?
2. ¿Quién fue Lázaro y por qué alude Bécquer a él?
3. ¿Qué comparación hace entre el arpa y el genio?

XXI

¿Qué es poesía?, dices mientras clavas
en mi pupila tu pupila azul;
¿Qué es poesía? ¿Y tú me lo preguntas?
Poesía . . . eres tú.

(Gustavo Adolfo Bécquer, «XXI» [Rimas del libro de los gorriones] en «Obras completas». Aguilar, S.A. de Ediciones; Madrid, 1969.)

PREGUNTAS

1. Identifique el encabalgamiento de la poesía.
2. ¿Cuál es la metáfora de la obra?
3. ¿Cuál es la actitud del poeta hacia la poesía y la mujer?

XXIV

Dos rojas lenguas de fuego
Que, a un mismo tronco enlazadas,
Se aproximan, y al besarse
Forman una sola liama;
    Dos notas que del laúd
A un tiempo la mano arranca,
Y en el espacio se encuentran
Y armoniosas se abrazan;
    Dos olas que vienen juntas
A morir sobre una playa,
Y que al romper se coronan
Con un penacho de plata;
    Dos jirones de vapor
que del lago se levantan,
Y al juntarse allí en el cielo
Forman una nube blanca;
    Dos ideas que al par brotan,
Dos besos que a un tiempo estallan
Dos ecos que se confunden . . .
Eso son nuestras dos almas.

(Gustavo Adolfo Bécquer, «XXIV» [Rimas del libro de los gorriones] en «Obras completas». Aguilar, S.A. de Ediciones; Madrid, 1969.)

PREGUNTAS

1. Dibuje la primera, tercera y cuarta estrofa del poema.
2. ¿Cuántas sílabas hay en cada verso? ¿Qué tipo de versos son los primeros de la segunda y cuarta estrofa?
3. ¿Cuál es la idea principal del poema? ¿Cómo presenta el poeta esa idea? ¿Cómo ilustra su sentimiento?

Capítulo 26

La mexicana Sor Juana Inés de la Cruz (1648–1695) ha sido considerada la «primera feminista» del Nuevo Mundo. Se interesaba tanto en la lectura que se hizo monja para poder dedicarse a los estudios, ya que en aquella época no se favorecía la instrucción académica para las mujeres. Su estilo es barroco con metáforas, oscuridades, alusiones a la mitología y sintaxis dislocada.

Para entender mejor la próxima selección, vale la pena mencionar que Thais fue una cortesana de Alejandría, famosa por promiscuidad. Por otra parte, Lucrecia fue una esposa ejemplar y fiel.

Contra las injusticias de los hombres al hablar de las mujeres

Hombres necios, que acusáis
a la mujer sin razón
sin ver que sois la ocasión
de lo mismo que culpáis.

Si con ansia sin igual
solicitáis su desdén,
¿por qué queréis que obren bien
si las incitáis al mal?

Combatís su resistencia,
y luego con gravedad
decís que fue liviandad
lo que hizo la diligencia.

Queréis con presunción necia
hallar a la que buscáis,
para pretendida, Tais
y en la posesión, Lucrecia.

¿Que humor puede ser más raro
que el que, falto de consejo,
el mismo empana el espejo
y siente que no esté claro?

Con el favor y el desdén
tenéis condición igual,
quejándoos si os tratan mal,
burlándoos si os quieren bien.

Opinión ninguna gana,
pues la que más se recta,
si no os admite, es ingrata,
y si os admite, es liviana.

Siempre tan necios andáis,
que, con desigual nivel,
a una culpáis por cruel,
de fácil a otra culpáis.

Pues ¿cómo ha de estar templada
a que vuestro amor pretende,
si la que es ingrata ofende,
y la que es fácil enfada?

Mas entre el enfado y pena
que vuestro gusto refiere,
bien haya la que no os quiere,
y quejaos enhorabuena.

Dan vuestras amantes penas
a sus libertades alas;
y después de hacerlas malas,
las queréis hallar muy buenas.

¿Cuál mayor culpa ha tenido
en una pasión errada?
¿La que cae de rogada
o el que ruega de caído?

O ¿cuál es más de culpar,
aunque cualquiera mal haga,
la que peca por la paga
o el que paga por pecar?

Pues ¿para qué os espantáis
de la culpa que tenéis?
Queredlas cual las hacéis,
o hacedlas cual las buscáis.

Dejad de solicitar,
y después, con más razón,
acusaréis la afición
de la que os fuere a rogar.

Bien con muchas armas fundo
que lidia vuestra arrogancia,
pues en promesa e instancia,
juntáis diablo, carne y mundo.

(Sor Juana Inés de la Cruz, «Contra las injusticias de los hombres al hablar de las mujeres» en «Redondillas».)

PREGUNTAS

1. Describa el esquema de la rima y explique qué tipo de rima.
2. ¿Cuántas sílabas tiene cada verso? Explique su respuesta, dando ejemplos de la primera y cuarta estrofa.
3. Defina «redondilla», basándose en sus respuestas a las preguntas 1 y 2.
4. Busque dos ejemplos de inversiones de palabras que dificulten la lectura del poema.
5. ¿Qué imagen del hombre pinta Sor Juana? Apoye su respuesta con ejemplos del poema.
6. ¿Según Sor Juana, quién tiene la culpa en casos de amor ilícito, el hombre o la mujer? Apoye su respuesta con ejemplos de la obra.
7. ¿Según Sor Juana, qué clase de mujer buscan los hombres que quieren casarse?

Capítulo 27

La argentina Alfonsina Storni (1892–1938) fue maestra, periodista y defensora del feminismo. Su actitud hacia los hombres es muy parecida a la de Sor Juana Inés de la Cruz. De los siguientes poemas, el primero fue publicado en 1919 y el segundo en 1938, antes del suicidio de la escritora.

Hombre pequeñito

Hombre pequeñito, hombre pequeñito,
suelta a tu canario que quiere volar . . .
yo soy el canario, hombre pequeñito,
déjame saltar.

Estuve en tu jaula, hombre pequeñito,
hombre pequeñito que jaula me das.
Digo pequeñito porque no me entiendes,
ni me entenderás.

Tampoco te entiendo, pero mientras tanto
ábreme la jaula, que quiero escapar;
hombre pequeñito, te amé media hora,
no me pidas más.

(Alfonsina Storni, «Hombre pequeñito» en «Irremediablemente»)

PREGUNTAS

1. ¿Qué metáfora emplea la poetisa y por qué la escoge?
2. ¿Qué busca la poetisa?

Voy a dormir

Dientes de flores, cofia de rocío,
manos de hierbas, tú, nodriza fina,
tenme prestas las sábanas terrosas
y el edredón de musgos escardados.

Voy a dormir, nodriza mía, acuéstame.
Ponme una lámpara a la cabecera;
una constelación, la que te guste;
todas son buenas, bájala un poquito.

Déjame sola: oyes romper los brotes . . .
te acuna un pie celeste desde arriba
y un pájaro te traza unos compases

para que olvides . . . Gracias . . . Ah, un encargo:
si él llama nuevamente por teléfono
le dices que no insista, que he salido.

(Alfonsina Storni, «Voy a dormir» en «Irremediablemente»)

PREGUNTAS

1. ¿Qué tipo de poema es?
2. ¿A quién se dirige?
3. ¿Qué se describe en los dos cuartetos?
4. ¿Qué va a hacer verdaderamente, en lugar de dormir?
5. ¿Qué cambio de estilo se exhibe en los dos tercetos?

Capítulo 28

La mexicana Rosario Castellanos (1925–1974) escribió en varios géneros, pero se destacó más en la poesía. Sus temas más importantes eran el mundo indígena y la posición de la mujer en la sociedad. El siguiente poema pertenece a la antología «Poesía no eres tú», publicada en 1972.

Válium 10

A veces (y no trates
de restarle importancia
diciendo que no ocurre con frecuencia)
se te quiebra la vara con que mides,
se te extravía la brújula
y ya no entiendes nada.
El día se convierte en una sucesión
de hechos incoherentes, de funciones
que vas desempeñando por inercia y por hábito.

Y lo vives. Y dictas el oficio
a quienes corresponde. Y das la clase
lo mismo a los alumnos inscritos que al oyente.
Y en la noche redactas el texto que la imprenta
devorará mañana.
y vigilas (oh, sólo por encima)
coordinación de múltiples programas
—porque el hijo mayor ya viste de etiqueta
para ir de chambelán a un baile de quince años

y el menor quiere ser futbolista y el de en medio
tiene un póster del Che junto a su tocadiscos.

Y repasas las cuentas del gasto y reflexionas,
junto a la cocinera, sobre el costo
de la vida y el ars magna combinatoria
del que surge el menú posible y cotidiano.

Y aún tienes voluntad para desmaquillarte
y ponerte la crema nutritiva y aún leer
algunas líneas antes de consumir la lámpara

Y ya en la oscuridad, en el umbral del sueño,
echas de menos lo que se ha perdido:

el diamante de más precio, la carta
de marear, el libro
con cien preguntas básicas (y sus correspondientes
respuestas) para un diálogo
elemental siquiera con la Esfinge.

Y tienes la penosa sensación
de que en el crucigrama se deslizó una errata
que lo hace irresoluble.

Y deletreas el nombre del caos. Y no puedes
dormir si no destapas
el frasco de pastillas y si no tragas una
en la que se condensa,
químicamente pura, la ordenación del mundo.

(Rosario Castellanos, «Valium 10» en «Poesía no eres tú». Fondo de Cultura Económica, México; 1972.)

PREGUNTAS

1. ¿Qué tipo de poema es?
2. Dé un ejemplo de encabalgamiento.
3. ¿En qué sentido es diferente este poema del de Sor Juana?
4. ¿Qué problema se expresa en la primera estrofa?
5. ¿Qué responsabilidades se mencionan en las estrofas segunda, tercera y cuarta?
6. ¿Qué inquieta a la poetisa cuando trata de dormir?
7. ¿Cuál es la solución para esa inquietud?

Capítulo 29

Aunque el español Miguel de Unamuno (1864–1936) es más conocido
por sus ensayos y novelas, también escribió poesía. El siguiente poema
traduce en forma poética la ideología del escritor, como aparece en «San
Manuel Bueno, mártir» y en «Mi religión».

La oración del ateo

Oye mi ruego Tú, Dios que no existes,
y en tu nada recoge estas mis quejas,
Tú que a los pobres hombres nunca dejas
sin consuelo de engaño. No resistes

a nuestro ruego y nuestro anhelo vistes.
Cuando Tú de mi mente más te alejas,
más recuerdo las plácidas consejas
con que mi ama endulzóme noches tristes.

¡Qué grande eres, mi Dios! Eres tan grande
que no eres sino Idea; es muy angosta
la realidad por mucho que se expande

para abarcarte. Sufro yo a tu costa,
Dios no existente, pues si Tú existieras
existiría yo también de veras!

(Miguel de Unamuno, «La oración del ateo» en «Antología poética»)

PREGUNTAS

1. ¿Qué tipo de poema es y qué tipo de rima exhibe? ¿Qué esquema presenta la rima?
2. ¿Qué recurso retórico se encuentra en el título del poema?
3. ¿Qué conflicto expresa el poeta?
4. Identifique una paradoja expresada en el poema.
5. ¿Se resuelve el conflicto presentado?

Capítulo 30

La mexicana Bricia Yolanda Gurrola nació en 1955. Le afectó mucho la violencia contra los estudiantes de la Universidad de México durante los disturbios de 1968. Ha escrito poesía sobre la opresión, la miseria de los campesinos y el amor perdido.

Sin ti

Sin ti el tiempo parece detenerse
no encuentro diferencia entre la noche y el día,
de pronto ya nada existe:
ni la ilusión por mañana
ni el hoy que me pesa de tedio . . .
sólo el ayer que llenabas.

Sin ti siento que floto en la vida
sin poder tocar su esencia.
Mi razón me grita que no estará ya más
pero mi corazón aún no asimila tu ausencia.

Sin ti mi existencia son breves escenas
representadas metódicamente,
vivo en una mascarada diaria
de la que no puedo escapar,
en ella danzo con tu fantasma
y hago el amor con tu recuerdo
y al final del día tu imagen
se escurre entre mis brazos, voluble y etérea.

Sin ti, estoy purgando una sentencia:
vivir sin ti, estar sin ti, ya no tenerte . . .
es la condena.

(Bricia Gurrola, «Sin tí». [Unpublished].)

PREGUNTAS

1. ¿Qué lamenta la poetisa?
2. Este poema no tiene ni rima ni medida precisa; tampoco tiene muchas imágenes visuales. Explique por qué se considera poesía en lugar de prosa.
3. ¿Cómo evoca la escritora el vacío que siente?

Vocabulario

a ciencia cierta for sure
abochornarse to blush
abolladura *f.* dent
aborrecer to hate
abrumado *adj.* overwhelmed, weary
acacia *f.* acacia tree
acariciar to caress, pet
acatamiento *m.* esteem, respect
acechar to spy on, lie in ambush
acera *f.* sidewalk
acicalar to dress well, aciculate
acontecimiento *m.* event, happening
acosado *adj.* pursued, harrassed
acudir to go, attend
adelanto *m.* advance payment
agachar to stoop, squat
agobiado *adj.* overwhelmed
agonía *f.* agony before death, death struggle
agotado *adj.* exhausted, drained
aguamanil *m.* washstand
aguantar to bear, withstand
agujero *m.* hole
ahinco *m.* strong insistence
ahumado *adj.* smoked
ajeno *adj.* another's
albedrío *m.* will, free will
albergarse to take refuge or shelter
alborotar to disturb, make noise
alborozo *m.* merriment, gaiety
alcazar *m.* castle, fortress
aldea *f.* village
alejarse to move away, withdraw
algarabía *f.* din, clamor
almacén *m.* bar (in Argentina)
almendro *m.* almond tree
almidonado *adj.* starched
alón *m.* wing
alquiler *m.* rent
amarrar to tie

ambular to move, rove
anhelar to long for, desire
anonadar to annihilate, humble oneself
antaño *m.* long ago
apacible *adj.* peaceful, calm
apagar to turn off, extinguish
apear to dismount, get out of (a carriage, etc.)
apero *m.* fancy riding equipment
apodo *m.* nickname
apolillado *adj.* moth-eaten
apresurarse to hurry
arder to burn
ardilla *f.* squirrel
arisco *adj.* rough, shrewish
arrabal *m.* outskirts, suburb (Argentina)
arraigar to take root, settle
arrasar to raze, demolish
arrea Get up!
arreglar to fix, arrange
asa (el) *f.* handle (of a pitcher, etc.)
asentarse to establish oneself, settle down
atajo *m.* shortcut
atenerse to abide by
ateo *m.* atheist
atónito *adj.* astonished, amazed
atorrante *m.* vagabond, tramp
atracar to moor, make the shore
atreverse to dare
aturdido *adj.* disconcerted, upset, rattled
aullido *m.* animal's howl
auricular *m.* telephone receiver
avaro *m.* miser
avatar *m.* incarnation
azabache *m.* jet, a hard black mineral
azar *m.* chance, accident

babilla *f.* drivel, spittle
bacinilla *f.* bedpan

badana *f.* sheepskin for sharpening razors
balar to bleat
balazo *m.* bullet shot
balbucear to stammer, stutter
baldosa *f.* paving tile
barandilla *f.* railing
baratija *f.* trinket
barraca *f.* hut, cabin
barriguilla *f.* little belly
barrote *m.* iron bar
beca *f.* scholarship
blandir to brandish
bochorno *m.* hot flash
bolsiyudo *m.* fan of national team in
    Uruguay
borbollón *m.* bubbling, gushing up of water
borriquillo *m.* little donkey
brocha *f.* brush
brotar to come out, bring forth
brújula *f.* compass
buey *m.* ox
bulla *f.* noise, confusion
burdel *m.* brothel
burlarse to make fun of

cábala *f.* cabala, secret science of Hebrew
    rabbis
caballete *m.* ridge of a roof, sawhorse
cabestrillo *m.* sling
cabizbajo *adj.* with one's head down
cacarear to cackle
cacharro *m.* earthen pot, trinket
cachorro *m.* pup, cub
caer bien to be liked
calavera *f.* skull
caldera *f.* boiler
campo raso *m.* outdoors
caña *m.* sugar cane; alcoholic drink made
    from sugar cane
canoro *adj.* melodious
capataz *m.* foreman
capillita *f.* little chapel
caracola *f.* small snail shell
carbón *m.* coal
cárcel *f.* jail
carcomido *adj.* (worm-)eaten, decayed
carecer to lack
cargador *m.* loader, stevedore
casco *m.* hoof
caserón *m.* big house, mansion
castigo *m.* punishment

catre *m.* cot
centolla *f.* center fish, marine crab
cerciorarse to make sure
cerilla *f.* match
chamariz *m.* blue titmouse
chamizal *m.* sagebrush
chaparro *m.* evergreen oak
chapuzarse to duck; dive
charco *m.* puddle
charol *m.* patent leather
chasco *m.* practical joke, trick,
    disappointment
chaval *m.* boy
chillería *f.* screaming, shrieking
chillón *adj.* loud, shrill
chirrido *m.* chirping of birds, shrill sound
choza *f.* hut, shanty
chupar to suck
cicatrizar to heal
clavar to nail
clavo *m.* nail
cobrar to collect (what is due)
cojear to limp
colchón *m.* mattress
colgar el tubo to hang up the phone
colmar to bestow liberally, "shower"
comadrona *f.* midwife
comején *m.* termite
comisario *m.* police inspector
concejal *m.* member of the city council
conmover to move emotionally; touch
cordal: muela cordal wisdom tooth
corrido *m.* Mexican folkloric song
corva *f.* part of leg behind the knee
corveta *f.* leap of a horse, prancing
cotidiano *adj.* daily, quotidian
crepúsculo *m.* dawn, twilight
cría de rana *f.* tadpole
criar to raise (offspring)
cuadra *f.* stable
cuatrero *m.* horse thief
cuero *m.* skin, leather
cumbre *f.* peak
cupé *m.* coupe, carriage

dar: dar a luz to give birth; dar una vuelta
    to take a walk or ride
dársena *m.* inner harbor, dock
degollar to behead, decapitate
dehesa *f.* pasture ground, hacienda
delantal *m.* apron